HISTÓRIA DOS GATOS

Título original:
Les Chats

© desta tradução: Edições 70

Tradução:
Ricardo Mangerona

Revisão:
Patrícia Almeida

Capa:
FBA

Depósito Legal n.º 000000/24

ISBN 978-972-44-2803-1

Paginação:
Patrícia Boleto

Impressão e acabamento:
?????

para
EDIÇÕES 70
fevereiro de 2024

EDIÇÕES 70, uma chancela de Edições Almedina, S.A.
Avenida Emídio Navarro, 81, 3.º D
3000-151 Coimbra
e-mail: editoras@grupoalmedina.net

Esta obra está protegida pela lei. Não pode ser reproduzida,
no todo ou em parte, qualquer que seja o modo utilizado,
incluindo fotocópia e xerocópia, sem prévia autorização do Editor.
Qualquer transgressão à lei dos Direitos de Autor será passível
de procedimento judicial.

HISTÓRIA DOS GATOS

F.-A. Paradis de Moncrif

Tradução de Ricardo Mangerona

ÍNDICE

Introdução
por Georges Grappe   9

HISTÓRIA DOS GATOS   41

PRIMEIRA CARTA   43
SEGUNDA CARTA   55
TERCEIRA CARTA   67
QUARTA CARTA   79
QUINTA CARTA   91
SEXTA CARTA   101
SÉTIMA CARTA   109
OITAVA CARTA   123
NONA CARTA   131
DÉCIMA CARTA   137
DÉCIMA PRIMEIRA CARTA   147

Notas de fim   159

Introdução

F.-A. Paradis de Moncrif

Para Henry Roujon

«[...] imaginai, Senhora, a fortuna que era para um cidadão ter por único dever, toda a sua vida, a satisfação de se ocupar dos Gatos, e fruir assim da consideração pública.»

Moncrif
(*Os Gatos* — Carta II)

A posteridade tem maneiras curiosas de repartir a glória, ou pelo menos o renome. Com a liberalidade que lhe dá o consentimento mais ou menos universal dos homens, ela distribui os lugares na imortalidade sem escrúpulos excessivos. Há quem mereça ser honrado, a par dos mais ilustres, e é relegado, pese embora a injustiça, aos subterrâneos do Panteão. Outros caem tão prodigamente nas suas boas graças que uma pessoa se admira de tamanho favor. Parece agir à maneira de algumas dessas grandes senhoras que animam os salões de literatura na alta sociedade.

*

I

Na verdade, ninguém me daria crédito se sugerisse que François-Augustin Paradis de Moncrif se encontra entre os mal conhecidos. Sem dúvida, fica evidente que muito pouco avoluma ele a história das letras francesas, pois damo-nos por contentes a seu respeito quando citamos a sua *História dos Gatos*, mas, se o processo é um pouco injusto — e eu vou tentar mostrar que o é —, a injustiça não é grande, pois este diabo de homem, que brincava aos devotos de quando em quando, compensa a falta de outro modo. Não se pode escrever um livro sobre a sociedade francesa no tempo de Luís XV sem que apareça a sua silhueta vivaz, nas margens da obra, de uma maneira ou de outra.

Fala-se da boa Maria Leckzinska[1]? O leitor de imediato se apressa a folhear os capítulos da sua biografia. É a sua sombra que vibra, esbatida, hipócrita e fina, em torno do genuflexório da Rainha. Se é demolida alguma casa velha, como o Palácio de Bussy, naquela Paris de antanho que muito amamos à conta das lembranças que deixou, e se contamos a história das suas velhas paredes[*], encontramos o seu nome na primeira linha, entre aqueles que a frequentaram. É a carantonha libertina e sem constrangimentos de um alegre folgazão, de um dos melhores beberrões da «Cave» de Landelle que ilumina, pois, aquelas páginas.

Mas numa época de comovida curiosidade como é a nossa, em que se gosta, talvez, do século XVIII sobretudo por causa das suas histórias de amor, o grande triunfo de Moncrif é a crónica escandalosa. A cada passo tropeçamos na sua pessoa. Ele funde-se com a existência de todas as dançarinas célebres. Ciranda em torno das suas saias. A sua vida podia ter por subtítulo: *Da Camargo à Mazarelli*[**]. Compõe inúmeros *ballets*, mais com a ideia de viver a existência daquelas intérpretes do

---

[*] G. Lenôtre. — A pequena história: *L'Hôtel de Bussy*, «Le Temps», 2 de dezembro, 1908.
[**] A. Julien. — *Amours de danseuses.* Daragon, 1909.

que de fazer obras de arte. Que lhe importa que Rameau² escreva a música, se é ele quem se torna amante das meninas da Ópera? Ronrona junto da Guimard ou da Sallé com a desenvoltura de um gato enlevado. Frequenta todas as sociedades onde haja diversões, para esquecer o *cavagnol*³ da Rainha. Encontramo-lo na casa da Menina Legrand, no mundo da galanteria, com Crébillon filho, Collé; ali conhece a Dubarry, ainda ontem mocinha, que se inicia nas delicadezas da mulher voluptuosa. As memórias secretas do Sr. de Sartines não o esquecem: seguimos-lhe o rasto por todos os lugares de devassidão da capital*, seja na Lacroix ou na Gourdan**. Enfim, conquanto obrigado, em Versalhes, a mostrar-se antes de mais untuoso servidor, atarefado e terno, de Maria Leckzinska, gravita o turbilhão de festas que a Sra. de Pompadour criou em torno da melancolia real, e para ela compõe Pastorelas de grande fausto, onde a dama encarna, alternadamente, Ragonde, Ismène ou Almazis.

Durante cinquenta anos, borboleteia assim, naquele século, o mais louco e o mais delicioso de todos os séculos, em torno de todos os poderes

---

* *Paris sous Louis XV*, t. I, p. 148–149–339. — Mercure de France.
** *La maison de Mme Gourdan*, por E. Defrance. — Mercure de France: 1908.

e glórias. Acumula despojos sem parar, colhendo honrarias aqui, prazeres ali. Está em todas as festas, as da Corte e as das casas menores. Só por esta razão, a sua vida é já meritória de ser estudada. Ele representa toda uma espécie que, sob Luís, o *Bem-Amado*, proliferou até à mais baixa ralé. Homem de letras, parasita, funcionário, académico, amante inveterado daquelas raparigas, rei cínico do espírito e da alma, trata-se de um sobrinho de Rameau burguês — menos vigoroso do que o plebeu, menos pitoresco também, e mais complexo, por outro lado. Mas mais do que isso, se reeditamos hoje a sua obra menos má, *História dos Gatos*, fazemo-lo, em primeiro lugar e acima de tudo, porque ela não é assim tão má como se crê geralmente, e também porque nos oferece um documento curioso, uma maneira autobiográfica enigmática de tamanha qualidade que se torna uma obra-prima específica de ironia, perante si mesmo e perante os outros. É por excelência o livro *à clef* do cortesanismo e do parasitismo.

*

Este François-Augustin Paradis de Moncrif vem ao mundo em Paris. Isto é próprio de um homem que quer trilhar o seu caminho na sociedade.

Nasceu em 1687, quando a França era ainda feliz sob o Grande Rei[4]. D'Alembert, que assumiu a pesada tarefa de escrever a História dos Académicos do seu século, diz-nos, em termos dignos da companhia, que provinha de pais pobres mas honestos.

Pela ocasião do seu nascimento, perfaz-se na vida daqueles bravos ingleses da burguesia — seu pai e mãe — uma formalidade que nos pode parecer providencial e milagrosa, quando conhecemos o devir criança. Afrancesaram, em honra desta natividade, o nome, como se tivessem tido o terno pressentimento de que era preciso aplainar a via aos passos do jovem Paradis.

Tinham eles — e basta-nos esse pequeno facto para nos informarmos a seu respeito — a intenção formal de cuidar da sua educação, a fim de que pudesse um dia figurar no mundo como homem honesto. Mas aquela valorosa gente era, como sucede com a maior parte dos pais em relação à sua progénie, muito retrógrada. Concebiam o aperfeiçoamento de um jovem segundo as tradições dos académicos mais em voga no tempo de Luís XIV — e principalmente antes do seu reinado magnífico —, e estes métodos afiguravam-se como nocivamente austeros àquele ardor juvenil: «O jovem Moncrif» — é aqui d'Alembert, o seu panegirista, que guia o meu discurso — «desconcertou estas maneiras de ver com as suas inclinações de todo contrárias: preferia aos estudos sérios os talentos agradáveis: a poesia, a dança e a música. Cultivava até a esgrima, na qual se tornou mesmo muito aprumado e quase célebre; mas, ao frequentar os salões de armas, teve o mérito, muito raro na sua idade, de não lhes tomar nem o tom nem os costumes. Foi, pelo contrário, esse talento que melhor lhe serviu para se introduzir nas sociedades lustrosas, fornecendo-lhe amiúde a ocasião de se encontrar com a juventude mais distinguida do Reino.»

Este quadrozinho, desgarrado de um «Elogio» de Moncrif*, pertence, com certeza, ao género obsceno, e Jean le Rond d'Alembert deve ter-se divertido bastante na sua composição. Todos os detalhes aqui reunidos são verdadeiros. E, no entanto, a impressão geral é, senão falsa, ao menos «defraudada». O seu bom coleguinha esquece-se de dizer que o jovem Paradis fez também estudos muito sérios e que, se negligenciou uma certa cultura, cara a Port-Royal, inútil aos seus propósitos, proveu-se, por via das dúvidas, de uma sólida erudição.

---

* *Histoire des membres de l'Académie française*, mortos entre 1700 e 1771, pelo Sr. d'Alembert. — Tomo VI. Paris; 1782.

Tanto mais que, quando olhamos um pouco mais de perto para este livrinho que hoje reimprimimos, podemos dar-nos conta de que o seu autor tinha mais conhecimentos do que aqueles que deixava transparecer em sociedade e do que tinha a maior parte dos seus contemporâneos.

Tal como foi visto por outros, o bosquejo de d'Alembert é bem vivaz. Afinal, a sua obscenidade não ultrapassa os limites de uma boa crítica académica. Se acrescentarmos ainda, por cima disto, o elogio que convém, temos o retrato muito exato daquele jovem arrivista, que se investia esmeradamente em cada detalhe do seu percurso, não desdenhando qualquer esforço para realizar o seu projeto. Sem sombra de dúvida, ele sabia que a carreira que escolhera não era isenta de aventuras, e que se alguém quer viver em paz, mesmo que a sua situação seja falsa, é sempre bom saber esgrimir. Foi Tácito que, no decurso das suas leituras, lhe ensinou esta máxima: *Si vis pacem, para bellum.*

*

Todo este empenho que dedicou à sua formação não podia ficar sem recompensa, numa sociedade em que as frivolidades absorviam toda a vida.

Bom dançarino, cançonetista, poeta de alcova e de boa perna, Paradis de Moncrif tinha todos os atributos para se intitular homem de letras. Desse nome se arrogou, e percorreu as sociedades literárias. Fazia um rondó aqui, ali um madrigal, e instaurou a sua reputação graças às grandes senhoras a quem prestava serviços mundanos, e às boas meninas que se envaideciam de ter por amante um escritor.

Todavia, cauto como era, e sem fazer alardear de si mesmo mais do que isto, não imprimia as suas pequenas obras. Reservou para uma bela circunstância a sua primeira edição. Uma vez morto Luís XIV, escreveu uma ode sobre esse tema admirável, e como homem cauto, ao longo do poema, falou sobretudo dos vivos. Dirigindo-se primeiro ao Regente[5], e depois a Luís XV, dirigiu ao último estas palavras:

> Um Herói de prudência avisada
> À nossa fé dá bom resguardo:
> Enverga ele a balança e a espada
> Que ainda te são molesto fardo.
>
> [D'un Héros l'active prudence
> De nos cœurs assume la foi :
> Il tient l'épée et la balance
> Trop pesantes encore pour toi.]

Estes versos são, de toda a maneira, de uma «banalidade desesperante». Terá Moncrif, depois de os ter publicado, sentido intimamente que ultrapassava neste género a mediocridade permitida a um iniciante? Não sabemos. Mas tudo é possível da sua parte. E ficaríamos inclinados a pensar que sim, quando o vemos tentar, a partir deste momento, pequenas ascensões poéticas. Aquilo que ele procurava ao compor a sua Ode era adquirir o favor de Filipe de Orleães. Uma vez alcançado o objetivo, cingiu-se doravante a escrever versos imitados de Anacreonte ou pequenas fábulas insignificantes. Por meio desta concessão ao bom senso, no país que conhecera, na era precedente, Racine, Molière, La Fontaine e mesmo Boileau, já passava por poeta.

Não, sem dúvida, por um grande poeta. As pessoas do século XVIII tinham demasiado bom--tom para se deixarem ludibriar a tal ponto. Mas achavam agradável aquele jovem que compunha peças em verso por encomenda para todas as circunstâncias da vida, para batismos, casamentos e enterros. E como, de outra parte, era homem, e de que maneira, para realizar as proezas amorosas de que se gabava nos seus decassílabos, deixavam passar a sua doce mania, à qual, aliás, era ele o menos apegado.

As suas obras granjearam-lhe, além do mais, a vantagem que ele procurava ao escrevê-las. Era recebido na casa da duquesa do Maine. Pertencia à «Academia das Damas e Cavalheiros». Era membro do «Teatro de Bagnolet» e da «Sociedade Dramática de Berny». Assíduo conviva nos «Jantares do Bout du Banc», havia recebido as suas licenças da «Ordem da Calotte». Antes de participar dos benefícios, honrarias e lugares sérios providos pela alta sociedade, fazia-se admitir em todas as companhias de diversão...

Ao instituir-se assim, pelo cálculo, e talvez também, seja dito em sua defesa, pelo temperamento, como mestre Jacques[6] dos prazeres dos grandes, ganhou a confiança destes, e aquela espécie de indulgência que eles reservam de bom-grado a quem os diverte. Depressa se afeiçoaram a ele. Tornou-se indispensável. Para o terem nas horas de lazer, atribuíam-lhe encargos e funções fartamente retribuídas, que o mantinham obrigado. Para este macaquinho humano se fez uma gaiola dourada, onde permanecesse encerrado durante os entreatos, que eram o seu triunfo. Passavam-no de mão em mão como uma curiosidade. Para que consentisse em ser o gestor dos seus prazeres, para montar peças, orquestrar *ballets*, encontrar dançarinas e atrizes, tomavam-no como seu secretário pessoal.

Este momento, na existência de Paradis de Moncrif, é um dos mais saborosos. Vários são os grandes senhores, que a sua verve e suas complacências divertem, e servem ao mesmo tempo, que o disputam a preço de ouro. Assim, à vez, e com conhecimento de causa, este animador de festas patenteado passa da casa do duque de La Vallière para a do grão-prior de Orleães. O conde de Maurepas vê-se privado dele pelo conde de Clermont D'Argenson, o mais novo, mantém-no junto a si, enfim. Paradis só deixará este último mestre para se dedicar em exclusivo aos serviços dos soberanos, que apreciam melhor do que ninguém a arte da lisonja.

*

Entre duas piruetas, para consolidar o crédito que lograra e para alargar o renome, Moncrif trabalhava em peças de teatro: aquele homem, que tinha o desejo insaciável de agradar, queria recolher o sufrágio do público. Ao mesmo tempo, sentia um ardor secreto de evoluir nos meandros do teatro, de frequentar a sociedade das atrizes de costumes fáceis, os atavios de luxo, o dito espirituoso. Fazia representar no Theâtre Français uma comédia intitulada *Oracle de Delphes*. Teve sucesso, mas, melhor ainda, o sucesso foi imprevisto. Depois da quarta representação, a peça foi proibida, apesar dos aplausos que recebera, ou talvez por causa deles, a pretexto de despudor. Foi a sua glória.

Para primeira obra, Moncrif colheu todos os louros: o sucesso literário e o escândalo. Depois disso, foi classificado entre os melhores escritores dramáticos do seu tempo, ainda que não tenha conhecido, desde então, mais do que fracassos: *Les Abdérites*, representadas em 1732, em Fontainebleau, tiveram uma receção muito fria. Mas no teatro isso nunca teve importância.

Era na Ópera, na Academia Nacional de Música, que Moncrif viria a alcançar o seu mais brilhante sucesso. O *ballet Zélindor, roi des Sylphes*, granjeou-lhe uma reputação que durou tanto quanto o regime, assim como os sufrágios mais lisonjeiros — o de Voltaire, entre outros — e bons direitos de autor. A peça não só foi representada na Ópera, como também, a 18 de dezembro de 1752, foi representada em Versalhes, diante do Rei, e alguns versos, disparados à queima-roupa neste mundo da Alusão, não contribuíram pouco para o entusiasmo. Zélindor, o rei dos Silfos, abandona as Sílfides por uma mortal, e explica-se nestes termos:

Uma Sílfide sabe amar,
Mas uma mortal é tão bela...
Ai! Como não me hei de inflamar
Pelo encanto que vejo nela?
Sim, essa jovem Zirphé me tem por cativo:
Por mil encantamentos meu engenho vivo
Seus desejos atiça, e a entretém e espanta;
Cem vezes, noite adentro,
Todo o sonho que engendro
Lhe impõe minha imagem, e ternuras lhe canta.
Rogo tão-só que em seu favor
Conspire toda a natureza;
Que veja os traços de sua própria beleza
Coroada nas ondas pelo deus do Amor.

[Une Sylphide sait aimer,
Mais une Mortelle est charmante
Hé ! comment ne pas m'enflâmer
Pour l'aimable objet qui m'enchante !
Oui, la jeune Zirphé m'a fixé dans ces lieux :
Par raille enchantements, mon art ingénieux
Prénent ses vœux, l'élonne et l'amuse sans cesse ;
Cent fois pendant les nuits,
Les songes que j'instruis
Lui peignent mon image, annoncent ma tendresse
J'ai soin qu'à sa félicité
Tout conspire dans la nature

Cherche-t-elle ses traits au sein d'une onde pure,
Elle y voit les Amours couronner sa beauté.]

Se nos lembrarmos de que este *ballet* fora composto em 1745, no mesmo ano em que a Senhora de Pompadour se tornava amante real — o baile de máscaras do Hôtel-de-Ville ocorrera no fim de fevereiro —, e que em 1752 Zélindor — Luís XV — desdenhava ainda de todas as Sílfides do mundo (leia-se: todas as Damas da nobreza) em honra desta «mortal», convenhamos que aquele incorrigível bajulador, irrompendo com esta fábula, não precisava de outro génio para triunfar. Compreende-se também assim que este *ballet* tenha garantido a Moncrif a proteção e amizade da favorita...

*

As obras dramáticas do autor de *Ismène* levaram-nos muito longe na vida de Moncrif. É preciso voltarmos atrás para assistirmos à eclosão desta fortuna. É, aliás, mais ou menos neste momento que se situa o único erro de conduta que ele jamais cometeu.

O conde de Clermont havia murmurado o nome deste modelo de servidor ao Sr. de Maurepas. Acreditou desde logo ter realizado um feito magnífico.

Ao nomear Moncrif secretário do seu magistério, mimava-o e acarinhava-o como uma ave rara. Na Corte, na cidade, celebrava perpetuamente os seus méritos. De boa-vontade, tê-lo-ia igualado aos maiores génios do passado. À boa Rainha, ela própria, muito gabava o autor dos *Gatos*. Fez-se de tal modo eloquente a seu respeito que ela decidiu adquirir o fenómeno por sua conta. De pronto, perante a sua descrição, nomeou a dita fénix como seu leitor ordinário.

Moncrif sabia que era útil reconhecer os obséquios. Sabia que, no seguimento desta promoção inesperada, que elevava a sua condição ao cúmulo do milagre, devia testemunhar para com o seu protetor de uma gratidão sem limites. De certa maneira, parece que o fez. Não deixou a casa de Clermont, coisa que podia ter feito desde logo, agora isento da inquietação do amanhã. Mas, ao permanecer ali, revelou-se de uma ligeireza admirável e estupenda: no próprio lar de Clermont, abandonava-se nos braços roliços e encantadores da amante do Conde-Abade, a deliciosa, a divina, a frívola Camargo...

Traço que desconcerta, se pensarmos no sangue-frio do nosso arrivista! Teria sido um deslumbramento, ou aquela vertigem que nem os mais seguros de si dominam? Não sabemos. Da minha parte, não estou longe de pensar que este gesto de amor foi, ele próprio, dado como um passo de dançarina ou, mais minuciosamente ainda, como todo e qualquer outro ato de Moncrif. Graças a este expediente delicioso, com efeito, este modelo das literaturas caseiras poupou o Sr. de Clermont de guardar, ao separar-se dele, o desconsolo de o perder. Bem melhor do que isso: desta sorte, obrigou-o a mandá-lo embora — que era o seu projeto secreto, e seu desejo.

Consumado o escândalo, e tornado público, certo é que lhe foi muito útil. A partir deste momento, tornou-se mais confiante no seu amor pelas mulheres. Pôde assim manter ligações e boas fortunas, de forma contínua, sem que se falasse dele senão por chacota e por inveja. Uma vez ao serviço do Conde de Argenson, aproveitou o pretexto da aventura para definir a sua condição de forma mais precisa. Respeitosamente, deu sem dúvida a entender ao seu protetor, por meio de algum apólogo oriental ao gosto dos seus contos, que o serviço a sua Majestade mui Cristã não era comparável ao que prestava a sua Alteza, e que teria sido muito impertinente, mesmo para com a Princesa mais piedosa da Europa, ficar privado de um dos ornamentos naturais que Deus pôde dar ao homem. As honrarias suscitavam em Moncrif, não uma audácia, decerto, que poderia ser nociva à sua carreira, mas esta boa garantia que granjeia a todos os funcionários uma serenidade mais ou menos inquebrantável.

Ao adotar esta atitude, mostrava-se, de resto, consistente com a sua própria lógica. Conformava a sua conduta com as teorias que desenvolvera alternadamente a coberto da história natural e da moral. Em 1727, havia publicado um livrinho que parecia unicamente redigido por um amigo dos animais, contra os detratores da raça felina. Com efeito, a *História dos Gatos* era uma primeira e discreta apologia dessas criaturas encantadoras, de uma bela desenvoltura de ancas, que têm garras, mas andam em pés de veludo, mimosos e amorosos de morrer, preguiçosos e amigos do seu conforto. Era, apesar das pranchas de Coypel, estampadas por Caylus, figurando os gatos mais ilustres da história, uma primeira prova do seu retrato que desenhava desta sorte.

Onze anos mais tarde, em 1738, quando havia já cinco anos que a Academia o chamara a aceitar a sucessão do Monsenhor Bispo de Blois, retomou o tema, mas desta feita despojado dos ornamentos a que o receio o havia antes disposto, em torno das suas tiradas cínicas. Publicava então, com a segurança das suas honrarias, o *Essai sur les nécessités et les moyens de plaire*, onde não se coibiu de formular a sua filosofia de vida em máximas deste quilate: «Um dos frutos que devemos naturalmente esperar das vantagens do espírito é garantir uma vida agradável.»

*

Esta vida agradável foi por ele vivida com uma arte e uma inconsciência admiráveis, e que bastariam para desarmar até um moralista. Não exigia do espírito nenhum trabalho sério. Não o forçava a nenhum trabalho pessoal. Impunha-lhe somente estar em constante vigília, a fim de poder satisfazer as encomendas da clientela, quaisquer que fossem.

É um grande palavrão dizer que o prostituía. E, no entanto, Moncrif foi decerto um homem louco pelo seu espírito, como são certas raparigas pelos seus corpos. Vendia-o a quem viesse, indiferente à empreitada, preocupado unicamente em fazer dinheiro, a fim de viver, de resto, a sua própria vida.

Obtivera os primeiros favores da sua carreira, no tempo da Regência, ao escrever canções de beber e poesias libertinas que maravilhavam os alegres senhores que o acolhiam. Algumas pequenas obras suas, compostas na Cave, em sociedade com Piron,

Vadé, Voisenon ou Crébillon filho, nada devem às produções mais livres destes bons génios. Uma vez tornado académico, trabalhou com o mesmo desembaraço no género enfadonho para garantir a sua reputação. Leitor da Rainha, para acumular pensões ou recolher novos títulos, sujeitou-se a uma devoção de Corte. Compôs Cânticos espirituais. E o Sr. Octave Uzanne, na nota que colocou outrora à cabeça da sua edição dos *Contos* de Moncrif, reporta um traço que remata o nosso retrato do bom homem: «Moncrif», diz ele, «não se contentava em alimentar, se assim podemos exprimir-nos, a piedade da Rainha, mas passava ainda — para fazer completamente a corte a esta religiosa princesa — por mediador de algumas correspondências devotas que ela mantinha com pessoas imbuídas na unção e na prédica, entre outras, uma antiga atriz que se oferecera a Deus depois de muito amiúde se ter prestado ao diabo; essa velha rapariga do teatro chamava-se Menina Gautier e vivia como Carmelita, servindo o céu com o mesmo zelo com que havia servido o mundo.»

A farsa não podia ir mais longe, creio. E no entanto eu não sou daqueles que, com o Sr. Uzanne, tratam Moncrif como Tartufo.* Ele não era hipócrita,

---

* *Loc. cit.* Quantin 1879, página x.

e se consentia em tais labores religiosos, de pouca relação com o seu pensamento e gostos, nunca se escondeu para viver, por fora das suas funções, a sua existência de devassidão. Havia nele duas personagens que ignoravam tudo uma da outra, o funcionário e o homem. Um ganhava dinheiro com tarefas penosas, o outro gastava-o com graça, espírito e prodigalidade.

E é por causa dessa duplicidade de vida que a obra-prima de Moncrif não é nem uma das suas poesias, nem um dos seus *ballets,* nem um dos seus contos, nem mesmo esta *História dos Gatos,* mas a sua própria vida. Nenhum homem com menos precauções, numa condição, afinal de contas, modesta de origem e precária por consequência, foi tão bem-sucedido como ele em satisfazer a devoção dos patrões e a paixão da libertinagem. Com os seus vícios, e apesar deles, Moncrif soube, uma vez admitido na Corte, fazer-se ainda nomear secretário-geral dos Correios, leitor da Sra. Delfina, censor real e secretário do duque de Orleães. E, com o dinheiro que aufere destes cargos, sustenta suas amantes, escolhidas de entre as mais belas raparigas do mundo da galanteria e do teatro.

Jamais — e isto é também de salientar — o diabo do homem se fez eremita. Grimm, logo após a sua morte, enterrava-o com esta frase que, querendo ser má, só serviu para nos comover: «Ele levou a paixão pela criatura, ou, antes, pelas criaturas, até à extrema velhice.» Podia ter dito até à morte.

Aos setenta e sete anos, Moncrif tinha ainda, com efeito, uma relação, a um tempo muito viva e muito terna, com uma das cortesãs mais cotadas da capital. Graças a uma juventude milagrosa dos sentidos e a uma peculiar frescura do coração, satisfazia todos os seus desejos. As suas noites eram lendárias no mundo da galanteria, e, próximo da morte, o velho libertava-se das convenções que até então observara. Pelo prazer daquela moça magnífica, escandalizava a Academia, e, para satisfazer um dos seus caprichos, ele, que não tinha gosto em escrever, compôs um *Elogio do Duque de Sully*, assinado por ela, e um conto intitulado *Camédris*, que teve o mesmo fim. Até à sua morte, e mesmo no leito dos amores, devia ser o destino de Moncrif escrever para os outros. Mas jamais uma encomenda, mesmo real, lhe deve ter sido mais doce, apesar de o assunto ser um tanto aborrecido.

Chegou, no entanto, um momento em que a Estátua do Comendador[7] se ergueu perante este Dom Juan-funcionário: teve, pois, de entregar as armas. Foi então que, com perfeita graciosidade, sem alardeio, consentiu em reformar-se. Contentou-se doravante em viver, sem provocar a sorte, no meio de dançarinas, atrizes e raparigas. A força do hábito sempre conduzia os seus passos até ao salão da Ópera, onde vivera algumas das melhores horas da sua vida, onde colhera as mais belas rosas da sua sina de epicurista. Enquanto velho aficionado, bem-parecido, apesar do desassossego do desejo, andava por entre as bailarinas, buscando para uma noite, com um sorriso melancólico, uma companheira, um corpo belo para ver nu e acariciar: «Se alguma daquelas meninas estivesse tentada a jantar com um velho bem-posto, havia oitenta e cinco degraus para subir, um jantarinho bom e dez luíses a ganhar.»

Moncrif conservava o seu apartamento, nas Tulherias. Foi lá que morreu, a 12 de novembro de 1772. Nos dez últimos meses da sua existência já não podia sair, mas esperou calmamente a morte, sem remorsos, com cuidada compostura, a consciência em descanso, satisfeito com a obra perfeita que fora, segundo a sua vontade, aquela vida de egoísta. Não tinha horror algum ao além, e falava livremente da morte. Há que ler em Bachaumont a relação dos seus últimos dias — não é desprovida de grandeza: «Quis semear flores», escreve, «durante o resto da sua carreira, e recebeu sempre visitas; acostumado a ver raparigas e atrizes, alegrava ainda a vista com o espetáculo dos seus charmes; como já não podia ir à Ópera, onde se encontrava habitualmente, tinha em sua casa muita música, concertos, danças.»

II

Da obra inteira de François-Augustin Paradis de Moncrif nada sobra hoje senão uma vaga recordação. A maioria dos homens teria grande dificuldade em citar o título de um trabalho seu. O menos desconhecido de todos continua a ser *História dos Gatos*, que aqui reeditamos. Mas, como os exemplares se foram tornando escassos, nunca mais se deu a ocasião de ler as onze cartas que ficaram famosas, todavia, no tempo do autor.

Caiu-me nas mãos, há já alguns anos, um volume do *Journal historique sur les matières du tems*, que contém, na data de julho de 1727, uma das primeiras recensões feitas sobre *História dos Gatos*. Vale a pena citar alguns excertos, pois ela informa-nos sobre a opinião que professavam os contemporâneos a respeito do livro: «Olhando somente para o título desta Obra»[*], escreve o crítico, «ninguém imaginaria

---

[*] «*Les Chats* — Tal é o título de uma obra que acaba de vir a lume, e que foi impressa em Paris, por Gabriel-François Quillau filho,

que ali se acha por junto tudo o que se lê nos Autores Latinos, Gregos, Árabes, Persas, para compor não só a Apologia, mas o elogio dos Gatos. Por mais agradável que possa parecer o projeto, a execução consegue sê-lo infinitamente mais, e nada é mais cómico do que a seriedade do Autor. A tudo recorre para exaltar a glória dos Gatos: a antiga Mitologia, o Alcorão, as observações dos Filósofos, os Provérbios, e de tudo isto se ocupa em onze Cartas; pois assim repartiu a sua Obra, para evitar um inconveniente assaz ordinário. [...] Permitindo, por assim dizer, que deixeis a sua Obra para que mais tarde a retomeis, dá-vos tamanha avidez de a ler toda de seguida que dificilmente vos coibireis de a satisfazer [...].»

Como podemos dar-nos conta por esta passagem, Moncrif foi aplaudido pela imprensa, mas ao mesmo tempo não deixou de ser criticado — o que é talvez o melhor critério do sucesso. Foi publicada a obra *L'Histoire d'un Rat calobris à citron Barbet au sujet de l'Histoire des Chats, par M. Moncrif* (Ratapolis--Mathurin Lunard, 1727 e 1731, in-12), assim como uma *Lettre galante et divertissante pour régler la vie des Chats* (1728, in-12). Melhor ainda, foi a propósito

---

na rua Galande, na Annonciation. Vol. In-8, 204 páginas, sem o índice. — O preço é de 3 lib., encadernado.»

do seu livro que o poeta Roy compôs uns epigramas bem mordazes que lhe valeram, de resto, ser enxovalhado pela mão do próprio autor.

Mas, se os contemporâneos saborearam esta fantasia, deixaram-se cativar pela fábula. Não souberam adivinhar o humor — não esqueçamos a origem anglo-saxónica de Moncrif — que ressuma de frases como esta: «Como não me fio nas minhas próprias luzes, vou consultar todos os sábios da Europa. Crede bem (Senhora) que não me pouparei o tempo nem o trabalho. As obras que não são mais do que um jogo de espírito não exigem mais do que os nossos momentos de ócio; mas as pessoas sentem-se levadas de uma verdadeira emulação quando se empreende algum ponto essencial da história.» Eles acreditavam que Moncrif, no seu amor apaixonado pelos gatos, se deixara ele próprio levar pelo desafio, encarado antes de mais, talvez, como uma brincadeira. Como acreditava o benévolo crítico que citei há pouco, a maioria das pessoas achava que nada era «mais cómico do que a seriedade do autor».

Evidentemente, se Moncrif tivesse levado a sério comentários como este: «A amorosa Brinbelle, tal como já mostrámos, desposara em terceiras núpcias Ratillon [...]», e ainda: «Quando um Gato morria de morte natural (no Egito), todas as pessoas do seu conhecimento [...]», teria sido um tanto ou quanto ridículo. E teria merecido todas as críticas se tivesse escrito sem sorrir frases deste jaez: «Quiçá o exemplo desta fábula (nos incêndios, os gatos do Egito atiravam-se para as chamas) tenha sido o motivo secreto que determinou a ação generosa de Q. Cúrcio? Há fortes indícios de que o seu empenho na salvação da pátria, ao jogar-se no abismo, tenha sido tão-só a imitação dos Gatos do Egito.» Mas não parece que se possa atribuir a este cavalheiro, que conhecia bem a sua gente, tamanho devaneio.

*

Podemos gostar dos gatos a ponto de professar, a seu respeito, uma ternura muito indulgente, como fizeram Maynard, Nicolardot, Baudelaire, Taine, ou mesmo como os Srs. Anatole France e Pierre Loti — e sem sombra de dúvida que Paradis, por uma afinidade instintiva, apreciava a sociedade dos felinos —, mas, daí a conferir-lhes seriamente uma importância cósmica, a distância é grande. Moncrif tinha demasiado bom senso para isso. O sentimento que o atraiu a tal sociedade foi sem dúvida a inveja, pois nos salões que frequentava muito admirava o lugar que iam silenciosamente conquistando aqueles pequeninos e admiráveis seres, cujos olhos profundos pareciam julgar a frivolidade humana, subserviente aos seus caprichos. Mas justamente porque pensava assim, e porque surpreendera na escola dos seus «queridos amigos», os gatos, este ensinamento egoísta e desdenhoso, não podia conceder-lhes todas as virtudes sem importância que lhes conferia. Talvez uma velha senhora, uma marquesa espiritual e maníaca, encafuada junto ao lume na sua conversadeira lhe tivesse pedido, meio irónica, meio enternecida, que escrevesse este panegírico dos Gatos e dissesse «que papel desemprenharam os nossos queridos amigos na antiguidade»? Talvez, da mesma sorte, tivesse sido uma formosa mundana, sua amante, a impor-lhe tal capricho, que ele acolhera de boa--vontade a fim de lhe pagar gato por lebre? Não sabemos, mas a verdade é que tendo aceitado a tarefa, com pezinhos de veludo, como era hábito seu, mostrou um pouco as garras na execução.

O elogio, tal como o compôs, poderia ser entendido de duas maneiras, e esta pequena obra-prima de ironia e subtileza, como os livros sagrados do Trismegisto, exigiria talvez, em bom rigor, uma dupla iniciação. De uma parte, o livro sem pretensões que enaltece até à apoteose a raça felina, que aglutina em torno destes animais todos os epítetos laudativos, que faz deles heróis, seres sobrenaturais, que lhes atribui todas as virtudes, todos os dons contidos nesta frase prodigiosa além de todos os limites: «[...] [houve] já algum Gato cuja vida foi talvez mais brilhante e atribulada do que a de Alcibíades ou Helena», o livro que levanta todos os problemas de metafísica, arte, teologia, ciência e literatura poderia muito bem ser, à sua maneira, apenas uma piada subtil dirigida àqueles que nutrem por esta sorte de animais os sentimentos apaixonados e delirantes que a velha canção atribui à Mère Michel[8]. Talvez tenha sido, assim, para Moncrif uma forma juvenil e cheia de graça de dizer ao mundo que se tratava verdadeiramente de uma imbecilidade incomensurável: e talvez seja também por isso que, com o avançar da idade e da prudência, o tenha renegado, temendo que alguém, algum dia, não o compreendesse como o tinha escrito.

Confesso, no entanto, por minha parte, preferir uma interpretação um pouco diferente. Se Moncrif tivesse tido um génio dessa qualidade, teria havido ocasião para lhe encontrarmos mais vezes o rasto no decurso da sua existência. Refletindo bem, creio, no fundo, como indiquei acima, que este livro seja mais uma autobiografia simbólica, e que ao louvar os gatos, e ao analisar os seus sentimentos, se assim posso exprimir-me, era a ele mesmo e aos seus que o autor tinha intenção de reabilitar.

Pois ele era, de facto, da raça desses admiráveis filósofos egoístas. Procurava sempre, no canto da chaminé, onde flameja um lenho perfumado, a pastora em que pudesse enroscar-se delicadamente, como o gato ocupa o seu travesseiro. O dorso ágil, o gesto ternurento, a postura sempre majestosa, mesmo nas piores devassidões, a pelagem asseada, preguiçoso e amoroso, egoísta, um pouco malandro, mas sedutor, gostava de se deitar nos braços de uma mulher como se enovelam os felinos nas fraldas de um vestido, sobre os joelhos roliços da dona. Reconhecia-se nos seus gestos e composturas. E sem poder, naquele tempo, sem ousar, na sua condição, celebrar a beleza daquela vida, a um tempo servil e independente, que era para ele o ideal, gabava hiperbolicamente os seus amigos, «os seus queridos amigos», vergados às manias dos donos e livres até ao êxtase ao longo dos algerozes.

É estimulante notar, assim, que este livrinho, que merece ser lido ainda hoje — na condição de se aligeirar, como eu faço, a pródiga erudição de rodapé —, resiste a uma explicação muito simples. Permanece enigmático, como o homem, como o seu assunto. Tal como se apresenta, no entanto, na sua bela língua, despojada e firme — a da prosa francesa do século XVIII —, fará ainda as delícias das almas ternas, que não têm muitas ocasiões de ouvir gabar os gatos num estilo desta qualidade e num modo tão magnificamente laudatório.

GEORGES GRAPPE

Versalhes, maio de 1909

História dos Gatos

PRIMEIRA CARTA,

à Sra. Marquesa de B***

Não vos terá batido o coração toda esta noite, Senhora? Falou-se de Gatos numa casa de onde saio; desabridamente se falou deles, e vós sabeis quanto custa suportar essa injustiça. Não vos darei relação de todos os ridículos e vícios de que os Gatos foram acusados.
Muito me transtornaria repeti-los aqui.
Tentei defender a sua causa: parece-me que falei com razão; mas nas disputas é com a razão que se persuade alguém? Teria precisado antes de engenho. Onde estáveis, Senhora? Suportei primeiro a investida que me fizeram com aquele sangue-frio e moderação que se deve manter na exposição das opiniões mais arrazoadas, quando elas não estão ainda bem assentes no espírito: mas sucedeu um incidente que me desconcertou

em absoluto. Apareceu um Gato, e logo uma das minhas Adversárias teve a presença de espírito de se desmaiar. Insurgiram-se contra mim; declararam--me que nenhum dos argumentos da Filosofia tinha poder algum contra o que acabava de acontecer; que os Gatos nunca foram, não são e nunca serão mais do que animais perigosos, insociáveis. O que me penetrou de dor foi que a maioria daqueles Conjurados era gente muito sensata.

Tenho de vos confiar um grande projeto, Senhora. Entre tantos feitos memoráveis que já alguns procuraram esclarecer e pôr em ordem, ainda ninguém se lembrou de fazer a História dos Gatos: não vos causa isto grande espanto? Homero não achou indigno da sua Musa descrever a guerra dos Ratos e das Rãs[9]. Um dos capítulos de Luciano, tratado com o maior esmero, é um elogio da Mosca: e os Burros provaram já também a satisfação de se verem elogiados[10]. Como é que os Gatos foram negligenciados? Não ficaria surpreendido se, para compor uma Obra em sua glória, fosse preciso recorrer à imaginação, mas, se olharmos atentamente para os Gatos dos séculos passados, quanta diversidade de acontecimentos, cada um mais interessante do que o outro, não iremos nós descobrir? Antes de expor esse quadro, pareceria deveras ridículo ousar admitir ter havido já algum Gato cuja vida foi talvez mais brilhante e atribulada do que a de Alcibíades ou Helena. Porém, se tanto um como a outra inflamaram guerras famosas, e se Helena viu altares erigidos à sua beleza, essas regalias nada ficam a dever a um grande número de Gatos e de Gatas que têm igualmente assento firme no Templo da Memória.

A História dos Gatos devia, pois, despertar naturalmente a emulação dos Escritores mais ilustres. Mas, afinal, posto que essa História não foi feita, a mediocridade dos talentos não deve calar o zelo. Ousarei intentar essa Obra, e creio-me capaz de a encetar, se prometerdes ajudar-me nesta empresa. Começaremos por procurar as fontes daquela falsa prevenção, assaz comum por aqui, que se tem contra os Gatos. Vamos expor em boa-fé as luzes que um longo hábito de comércio com eles e a reflexão nos proporcionaram. Daremos relação das formas diferentes que os interesses dos Gatos têm tido sucessivamente nas Nações, tomando todas as precauções convenientes para não revoltarmos as pessoas que têm, por puro sentimento, antipatia por eles. Recordaremos sempre que há certas repugnâncias naturais, as quais, segundo o Padre Malebranche[11], podem ser efeito da imaginação desregrada das mães, que influiu sobre a dos filhos, ou, como explica um célebre Filósofo Inglês, obra dos contos de alguma ama.

O temor é para as crianças a primeira lição, disse La Fontaine; e é, aliás, muito fácil reconhecer que as antipatias, adquiridas ou naturais, podem recair sobre os objetos que menos parecem atraí-las: há quem não possa ver pássaros sem estremecer; outros fogem quando dão com uma peça de cortiça. Germânico não podia sofrer o canto nem o aspeto de um Galo[12]. Os Gatos, por esta maneira de ódio, não são, portanto, caracterizados como perigosos ou ruins. Ouve-se dizer, desde o berço, que os Gatos são por natureza traiçoeiros; que sufocam as crianças; que são talvez uns feiticeiros. A razão que sobrevem bem pode insurgir-se contra tamanhas calúnias, mas a ilusão falou primeiro: será ela a mais persuasora, mesmo depois de reconhecida como tal; e se os Gatos lograrem deixar de ser feiticeiros, continuarão a ser temidos, pelo menos, como se o tivessem sido efetivamente.

O Sr. de Fontenelle confessa que foi criado na crença de que na véspera do S. João não sobrava um único Gato nas Cidades, porque todos se reuniam nesse dia num *sabat* geral. Quanta glória a deles, Senhora, e quanta satisfação a nossa imaginarmos que um dos primeiros passos do Sr. de Fontenelle no caminho da Filosofia o tenha conduzido a desfazer-se de uma falsa prevenção contra os Gatos, e a encarecê-los!

A nossa apologia visará, assim, tal como acabamos de propor, somente as pessoas que, por indolência, seguem um antigo preconceito, ou aquelas que, por *delicadeza*, afetam o receio dos Gatos.

Bem sabeis, Senhora, o papel que os nossos queridos amigos desempenharam na Antiguidade. Se o respeito dos homens, ainda que ridiculamente fundado, pode de algum modo honrar o objeto visado, não há nenhum outro animal que possa arrebatar os títulos mais ilustres do que a espécie dos Gatos. Não seria prudente, porventura, representá-la primeiro com tanta vantagem; mas, para pôr alguma ordem na nossa Obra, não podemos dispensar-nos de começar por dar a ver os Gatos divinizados, como o foram no Egito, e honrados em estátuas, e por um culto misterioso, transmitido sucessivamente aos Gregos e aos Romanos; e sem nos determos num grande número de monumentos da Antiguidade, que parecem ter sido preservados expressamente para dar razão da glória dos primeiros Gatos, faremos primeiro somente a exposição do Deus Gato, tal como foi representado no Egito na sua forma natural, adornado de um colar, no meio do qual ostentava uma rica tábula com caracteres hieroglíficos. É verdade que não temos inteligência daqueles caracteres; mas não os deixaríamos por explicar, fazendo uso conjunto de diferentes circunstâncias da Mitologia dos Egípcios.

Tinham aqueles povos por tradição que os Deuses, perseguidos por Tifão, haviam determinado esconder-se sob a forma de animais. *Anúbis*, adorado depois com o nome de *Mercúrio*, transformara-se em Cão. Diana, que, com o nome de Apuleia, é a mesma que Ísis, transformara-se numa bela Gata; e como nota muito bem Plutarco (pois não posso deixar de o citar), os Egípcios não imaginaram ao acaso a forma de animal que cada Divindade deveria assumir. Mercúrio, por exemplo, não preferira a forma do Cão senão para afirmar a sua fidelidade no cumprimento das ordens de seus Mestres.

Seguindo, pois, a opinião de Plutarco, não seria muito razoável vermos uma relação entre Diana e a sua metamorfose, e concluirmos que os Egípcios não a imaginaram assim travestida senão porque reconheciam nas Gatas qualidades convenientes à probidade daquela Deusa?

É preciso explicar em seguida uma outra figura antiga, ornada de símbolos que vão pôr de mau humor aqueles que resolveram não ter estima pelos Gatos. O Deus Gato é representado com um sistro por diante, cujo cabo está pousado numa pequena taça, ou, se quisermos, um copo. Notemos em primeiro lugar que aquele sistro era um instrumento consagrado às maiores Divindades dos Egípcios; teremos assim ensejo de estabelecer que a Música era admitida nos seus festins, e isto ainda sem desvendar como estava a Música relacionada com os nossos Gatos.

Plutarco, diremos nós, faz menção de uma Canção célebre que se cantava em todos os banquetes do Egito. Essa Canção fazia o louvor de um jovem Maneros, de quem tomava o título. Os Egípcios tinham-no por inventor da Música; era filho do Rei Malcandro e da Rainha Astarte, que acolheram Ísis quando esta, ao procurar o corpo do esposo, que Tifão havia dividido em pedaços, o encontrou arremessado pelas ondas na costa de Biblos, onde então reinava aquele Rei, pai do jovem Maneros.

Uma outra circunstância essencial a observar é que a extremidade superior do sistro egípcio era ordinariamente enfeitada por uma bela escultura que representava uma Gata de rosto humano, e que havia, por vezes, Gatos dispersos em diferentes pontos do instrumento.

Mas temos um outro monumento da Antiguidade ainda mais imponente. O Deus Gato surge representado com a sua cabeça natural em corpo de homem: enverga o sistro com uma destreza e com um ar de familiaridade flagrantes, revelando assim que sabe fazer uso do instrumento.

Oh! Porque não haveria de existir uma relação entre os instrumentos de Música e os Gatos, tendo em conta que os Golfinhos, há tantos séculos, gozam do direito de se enternecerem com os acordes da Lira, que os Cervos desfrutam do som da flauta, e que as Éguas da Grécia gostavam tanto de canções que se fez uma expressamente em sua honra, e que tinha o seu nome? Trata-se, segundo reporta Plutarco, de uma sorte de Epitalâmio, cujo charme amansava o rigor das Éguas. Elas não consentiam em acolher um parceiro enquanto não ouvissem a dita ária voluptuosa, que se empregava com essa mesma finalidade.

Mas eis uma outra descoberta que urge absolutamente desvendar: *os Gatos estão muito vantajosamente dispostos para a Música; são capazes de dar diversas modulações à voz; e servem-se, nas expressões das diferentes paixões que os ocupam, de diversos tons.*

Quem se insurgir contra este argumento ficará muito admirado de saber que nos servimos expressamente dos termos de dois homens célebres pela sua ciência[13].

Dotados os Gatos de uma bela e grande voz, perguntaremos aos seus Adversários o que pensam desta conjuntura do sistro e do copo que se vê tão amiúde entre as suas patas. Parece-me, Senhora, que confessarão de boa-fé (pois há certas verdades que transparecem mesmo através da prevenção), e terão de conceder, digo, que aquele sistro, símbolo da Música, e aquele copo, que revela necessariamente a ideia dos festins, desvelam em toda a evidência que para os Egípcios os Gatos eram admitidos nos festins, e que neles faziam as delícias dos homens com o charme da sua voz.

Mas suponhamos que eles não colhem de imediato a simplicidade deste argumento, e que, semelhantes àquelas cabeças-duras da Fábula do Sr. de La Mothe[14], acham impossível o que não compreendem, se atreverão a defender que jamais o canto dos Gatos, a que não deixarão de chamar miado, fundando-se num verso injustamente atribuído a Ovídio, que aquele canto, digo, nunca poderia ser harmonioso, nem mesmo suportável; será isso para nós grande desrazão; mas saberemos dissimulá-lo, para não parecermos defensivos. Contentar-nos-emos, primeiro, em responder que aquilo que lhes soa a um miado nos Gatos de hoje nada prova contra os Gatos da Antiguidade, estando as Artes sempre sujeitas a grandes revoluções. Acrescentaremos, com todas as diligências possíveis, que aquelas dissonâncias de que se queixam não são talvez mais do que uma falta de saber e gosto da sua parte. Aqui, poderemos ter necessidade de mais alguns esclarecimentos: e é então que a verdade se fará ver em plena luz.

A nossa Música, hoje, diremos nós, cinge-se a uma certa divisão de sons a que chamamos tons ou meios-tons; e nós próprios somos bastante limitados para supormos que essa divisão compreenda tudo aquilo a que se possa chamar Música: daqui advém a injustiça que é chamarmos mugido, miado, relincho aos sons cujos intervalos e relações, talvez admiráveis no seu género, nos escapam, porque extravasam os limites que nos constrangem. Os Egípcios eram sem dúvida mais esclarecidos; é verosímil que tivessem estudado a Música dos animais; sabiam que um som não está certo ou errado em si mesmo, e que quase sempre parece estar ou uma coisa ou outra pela força do hábito que se tem de julgar que um tal concerto de sons é uma dissonância ou um acorde. Eles sentiam, por exemplo, se os Gatos, na sua Música, passavam com a mesma proporção com que nós o fazemos de um tom para outro, ou se o decompunham, aquele mesmo tom, e o quebravam de intervalos a que chamamos comas, o que faria uma diferença prodigiosa entre a sua Música e a nossa; eles discerniam num coro de machos, ou numa récita, a modulação simples ou mais torneada, a ligeireza das passagens, a suavidade do som, ou a agudeza que talvez fosse para eles a sua graça. Daí que aquilo que hoje nos não parece mais do que um ruído confuso, uma algazarra, não é senão o efeito da nossa ignorância, uma falta de delicadeza dos nossos órgãos, de justeza e de discernimento.

A Música dos povos da Ásia parece-nos, no mínimo, ridícula. Eles, por sua vez, não encontram senso comum na nossa. Acreditamos reciprocamente ouvir apenas um miado; assim, cada Nação, neste sentido, é, por assim dizer, o Gato da outra, e de parte a parte, porventura conduzidos pela ignorância, só sabemos fazer juízos errados.

A este raciocínio, que, simples como é, lhes causará grande impressão, acrescentaremos uma reflexão que não deixará de os convencer. Os Egípcios aplicavam todos os recursos de que dispunham para sentirem a alegria de viver. Os esqueletos que traziam para os festins recordavam-nos de que deviam aproveitar todos os momentos da vida. *Bebe*, dizia-se, *e goza, que amanhã talvez estejas morto.* Mas nem este espetáculo, por muito habituados que estivessem os Egípcios, nem esta exortação deviam, à primeira impressão, passar ideias agradáveis: não há outro preceito para inspirar o prazer senão as imagens do próprio prazer. As Canções, os Sistros, os Gatos vinham então em seu socorro; eram eles que embelezavam a verdade sombria que acabava de ser anunciada. Assim, sem dúvida que a alegria, despercebidamente, tomava conta do festim.

Nas nossas Canções, em que o mesmo fundo se manifesta comummente, este é, pelo menos, apresentado por imagens que parecem ter mais relação com os sentimentos que se quer inspirar.

Perdoai-me, Senhora, a pequena vaidade de me ter citado aqui como exemplo[15]. Esta Canção não é senão a mesma ideia dos Egípcios, feita de cores mais suaves, e que são para nós como os Sistros e os Gatos que alegravam o quadro dos esqueletos.

Eis as ideias que despertaram em mim nos primeiros instantes do meu desgosto. Esta Carta deve ressentir-se da minha angústia; tende a bondade de lhe conceder a graça que lhe falta. Vou fazer sérias indagações, a fim de recolher as propriedades dos Gatos com a ordem e a exatidão que convêm a uma matéria tão interessante e tão ignorada pelo Público.

Tenho a honra de ser, etc.

SEGUNDA CARTA

Ainda que fosse tarde, Senhora, quando fechei ontem a minha Carta, bem podeis conceber como me foi impossível dormir. Passei a noite a ler tudo o que tenho de livros da Antiguidade; podemos atualmente munir-nos de boas citações Latinas e Gregas: pois não há que poupar os nossos Adversários, que saberão assim ver a glória dos Gatos em toda a sua evidência. Parece-me que é mais fácil ter razão em Grego do que em Francês.

Como já provámos em abundância que os Gatos eram dignos de Altares no Egito, podemos abster-nos de descrever uma grande quantidade de monumentos antigos que não deixam lugar para dúvidas. Citemos somente, por uma questão de exatidão, todas as imagens desta Divindade que se encontram na Tábula que contém os Mistérios de Ísis, e façamos notar que o Deus Gato, chamado Elurus, é por vezes representado com traços humanos: mistério de que resulta, como assevera um sábio comentador[16], *que uma Gata seja extremamente comparável à Lua, com a qual aquela bestial criatura,* diz ele, *tem uma grande conveniência e conformidade.*

Mas este concerto de traços humanos no Deus Gato tem uma causa metafísica que me parece ainda mais importante esclarecer. Estou certo, Senhora, de que já vos destes conta dela.

Bem sabeis que a vaidade dos homens os fez aproximarem-se, tanto quanto possível, daquilo que elevaram além de si mesmos. A partir do momento em que os Egípcios erigiram Altares a Elurus, incutiram-lhe insensivelmente alguns traços da sua própria aparência. Ele está representado num monumento com corpo de homem e cabeça de Gato: esta é ornada de vários atributos ordinários nas figuras Egípcias. Mas o mais digno de admiração é uma coroa de luz que a cabeça do Deus projeta. *Se não são raios,* observa o Prof. Montfaucon, *muito se parecem; e se são raios,* acrescenta, *muito se conformam com este Deus, um dos mais honrados do Egito.*

As reflexões que acabamos fazer sobre os efeitos do amor-próprio conduzem-nos a presumir que as Senhoras do Egito sentiram, por sua vez, a vantagem de se assemelharem à Deusa Gata. Foram elas, sem dúvida, que lhe atribuíram alguns traços de humanidade nas estátuas que lhe erigiram.

Que será que nos responderão quando desvelarmos o retrato da Deusa das Gatas, representada como mulher formosa, enfeitada de um soberbo penacho, à maneira das figuras Egípcias, e envergando uma espécie de cetro, no alto do qual se encontra o copo, cuja alegoria já desvendámos, ou quando a fizermos ver sentada com dignidade numa poltrona? Será possível ver sem admiração, noutro monumento, esta bela Deusa conservando a sua cabeça de Gata pousada em corpo de mulher? Ela traz uma espécie de toucado que lhe cobre os ombros e uma parte dos braços, e que deixa vislumbrar o colo deslumbrante. Tem uma túnica que lhe desce modestamente até ao tornozelo. Ostenta sobre o peito uma cabeça de homem presa pelo queixo: símbolo manifesto do ascendente que os Egípcios acreditavam que tinha sobre o coração; e no outro braço segura uma espécie de urna, que era ainda, ao que parece, um elogio misterioso dos seus charmes.

Deste concerto de suas graças, não é muito simples concluir que a Deusa Gata fosse vista no Egito como a mãe dos Amores? Todas as beldades de Mênfis faziam por se assemelhar a ela; e os Poetas que faziam versos em seu louvor tinham a arte de comparar os seus olhos redondos e brilhantes com os da Deusa. Podeis bem conceber quão grande seria o desgosto das mulheres que têm por bom--tom temer os Gatos, quando se lhes provasse que não poderiam receber maior lisonja do que ser tão amadas, tão preconizadas quanto uma Gata do Egito.

Não será uma ideia ora assim tão descabida chamar à Deusa Gata a mãe dos Amores; era a própria Ísis que os Egípcios adoravam sob esta forma agradável, e Ísis presidia sobre todos os peitos. Os amantes invocavam-na para adquirirem o dom de agradar, e mencionavam-na, sem dúvida, para persuadirem suas amadas, quando juravam pelo número trinta e seis: juramento mais solene entre eles, e mais sagrado.

Esclareçamos agora, quero dizer, dissertemos sobre o que poderia ser o culto prestado ao Deus Gato.

Cada Divindade, no Egito, tinha vários Sacerdotes, havendo um que era superior aos demais: e era da Ordem destes Sacerdotes que os Egípcios elegiam os Reis. É muito plausível que o Pontífice dos Gatos tivesse sempre mais direito à Coroa. É preciso não esquecer, creio, dar a conhecer que estes Sacerdotes se banhavam duas vezes por dia em água fria; que se vestiam de linhos, *visto ser a flor do linho de cor azul-celeste*. Digamos também que as suas sandálias eram feitas a partir de uma certa planta chamada *Papiro*. Só a nós coube pôr este termo em Grego e alegar um certo prodígio a respeito da planta. *Os Biblianos pretendiam que uma cabeça feita daquela planta chamada* Papiro *era levada todos os anos, regularmente, do Egito a Biblos no espaço de sete dias*. Eles viam esta maravilha como *um testemunho do favor do Deus Osíris*.[17] É verdade que esta fábula só muito mediocremente vem a nosso propósito; mas ao menos serviria para ilustrar o calçado dos nossos Sacerdotes, e mais uma citação não é coisa para negligenciar. Acrescentemos ainda que os Sacrificadores, pelo decoro que convinha à sua dignidade e estado, rapavam o corpo regularmente de três em três dias.

É de presumir, e esta é, parece-me, uma observação muito prudente de se fazer, que aqueles Sacerdotes, nas suas cerimónias, se conformavam tanto quanto lhes fosse possível ao génio e aos atributos da Divindade à qual se devotavam, e que, assim, a desenvoltura, a agilidade do corpo e as atitudes pantomímicas deviam constituir a principal parte dos mistérios do Deus Gato. Se o *Signor* Tomasini, que ocupa com tanta graça o papel de Arlequim na nossa Comédia Italiana, tivesse vivido no tempo dos antigos Egípcios, os devotos do Deus Gato tê-lo-iam visto como imagem da Divindade. Estranho contraste do espírito humano! O que constitui hoje o cómico no Palco foi outrora toda a dignidade do Templo.

Mas os Gatos, vistos como Divindades, provam apenas a estultice dos homens, e não são mais ilustres do que as Cegonhas do Egito, os Ratos e o Deus Peido[18], que tiveram também os seus mistérios. Nada caracteriza melhor esta rivalidade do que uma fábula do Sr. de La Motte, intitulada *Os Deuses do Egito*. É uma daquelas que, no fundo e na forma, têm mais encanto e Filosofia.

Mas deixemos uma Religião tão extravagante para estabelecermos a preeminência que os Gatos tiveram na sociedade sobre os outros animais do Egito. Ali, obtiveram eles pessoalmente as distinções e privilégios mais honrosos. *Quando um Egípcio matava um Cercopiteco, que é uma espécie de Macaco, ou um Icnêumon, espécie de Rato que, segundo Eliano, destruiu os Crocodilos, ou o próprio Boi Ápis, se o fizera de ensejo premeditado, o ato custar-lhe-ia a vida. Mas a Lei era bem mais severa a respeito daqueles que atentavam contra os Gatos, fosse de propósito deliberado ou involuntariamente: os perpetradores eram de imediato entregues ao braço secular. O Povo senhoreava-se deles e despedaçava-os com furor; e também quando um Egípcio encontrava um gato morto, logo se afastava, tremendo e desfazendo-se em lágrimas; ia anunciar a catástrofe, protestando não ser ele o culpado, e toda a Cidade se enchia de clamores.*[19] *Vinham então os Magistrados com toda a cerimónia ocupar-se do morto; embalsamavam-no com óleo odorífero de cedro e vários outros aromas próprios para a conserva, e transportavam-no até Bubástis para ser inumado numa Casa sagrada.*[20]

O tratamento honroso que lhes era dado durante a vida descobre ainda melhor como eram prezados na sociedade. Os Egípcios perfumavam-nos e deixavam-nos deitar-se em sumptuosas camas. Empregavam todos os segredos da Medicina no tratamento e conservação daqueles que nascessem com temperamento mais delicado; davam de boa vontade a cada Gata um parceiro que lhe conviesse, observando com atenção as relações de gosto, humor e figura.

Quando ocorria um incêndio, os Gatos desemprenhavam um papel muito diferente. *Entravam num estado de furor divino: os Egípcios, acostumados a este prodígio, negligenciavam o incêndio na sua vizinhança; e, por vezes, estes Gatos tutelares escapuliam-se, saltando por cima da assembleia que os rodeava para se precipitarem nas chamas: e quando se dava este infortúnio, os Egípcios faziam um luto muito solene.*

Este luto era tão vincado e tão sincero que as mulheres descuravam até a sua própria beleza: e, para evitarem a vergonha de parecerem ainda bonitas no meio de uma tristeza tão sensata, *arranhavam-se no rosto e corriam pela Cidade descabeladas, e num estado de desolação; amarravam as roupas pela cinta e fustigavam os peitos, que deixavam a descoberto; os seus parentes mais próximos caminhavam atrás, meio nus, como elas, e abandonados àquele delírio que o grande sofrimento acalenta.*

Quiçá o exemplo desta fábula tenha sido o motivo secreto que determinou a ação generosa de Q. Cúrcio? Há fortes indícios de que o seu empenho na salvação da pátria, ao jogar-se no abismo, tenha sido tão-só a imitação dos Gatos do Egito.

Quando um Gato morria de morte natural, todas as pessoas do seu conhecimento caíam na consternação; manifestavam todas as marcas do sofrimento, rapando até as sobrancelhas. Talvez tenha até existido algum Gato em Mênfis cujas obséquias foram mais faustosas e célebres do que as de Alceste e Heféstio. Admeto, como marca da sua grande dor pela perda de uma esposa tão querida, ordenou que se cortasse as crinas dos cavalos que conduziam o carro. Alexandre, é certo, além das crinas de todos os cavalos do império, prescreveu o mesmo para o pelo das mulas, e fez derribar ainda as ameias das Cidades. Mas que valem tais sacrifícios, perante o preço das lágrimas das mais formosas mulheres do Egito, correndo em desordem pela cidade, e exigindo aos Fados um Gato a quem a Parca tenha cortado os dias da sua vida? Que coisa poderá contrastar com tanta sobrancelha perdida, à conta disso, na fronte dos rostos mais respeitados do Egito? Quantos cuidados não tinham as pessoas para preservarem o Gato em suas casas? Quantas previdências mediante os gostos dele? Quanta atenção em fazê-lo gozar de uma vida agradável? Já se viu um Gato ofendido fazer abortar planos políticos, e semear a desordem e a rebelião. O Egito, no reinado de um dos Ptolomeus, foi o teatro dessa grande aventura: o nome Romano era então temido e honrado. *Os Egípcios acolhiam com submissão tudo o que vinha de Itália. Aconteceu que um Romano fez algum insulto a um Gato, mesmo que por inadvertência, e todo o povo pegou em armas para o vingar: nem a presença dos Magistrados nem as ameaças de Ptolomeu puderam deter tamanho furor; o culpado foi massacrado*; assim, o poderio Romano deixou de se impor quando viu como rival a causa de um Gato ferido de ultraje.

Este respeito pelos animais influía sobre todas as ações dos Egípcios. Os que habitavam as Cidades dedicavam os filhos a estes animais sagrados. Bem podeis ajuizar, Senhora, que não podia ser senão aos Gatos que as pessoas do mundo se consagravam. Eis, então, como decorria tal cerimónia.

Rapava-se a cabeça da criança, inteiramente ou pela metade, ou somente a terça parte; depois, os cabelos eram pesados numa balança, com certa quantidade de outro ou prata em proporção; e quando o peso do metal fosse superior, esta oferenda era entregue à pessoa que zelasse pelo Gato ao qual a criança era dedicada: e essa pessoa comprava o peixe e o pão, que misturava com o leite, para a alimentação do respeitoso animal.

Esta função era extremamente invejada e todas as distinções eram exibidas com muita pompa; trazia-se a descoberto o retrato do Gato a quem se prestava homenagem: este aparato atraía o respeito dos cidadãos, sempre prosternados perante aqueles a quem a guarda dos animais sagrados era confiada; e como cada Palácio destinado a estes animais continha apenas uma espécie, imaginai, Senhora, a fortuna que era para um cidadão ter por único dever, toda a sua vida, a satisfação de se ocupar dos Gatos, e fruir assim da consideração pública.

Este amor aos Gatos, para os Egípcios, nunca se revelou com maior constância e grandeza de alma do que na guerra que travaram contra Cambises[21], no quarto ano do seu reinado. Eram então governados por Psaménito, que acabava de suceder a Amásis.

O ambicioso Cambises, que só podia abrir as portas do Egito se tomasse primeiro a Cidade de Pelúsio, que parecia impenetrável, lembrou-se de um estratagema digno da sua alta política. Sabendo que a guarnição da praça era toda composta de Egípcios, compôs de um grande número de Gatos o pelotão dianteiro da sua tropa; os seus capitães e soldados levavam um gato cada um, à maneira de escudo. Só assim, com comandantes equipados a rigor, pôde o seu exército senhorear-se de Pelúsio. Os Egípcios, receando confundir o Gatos com os inimigos, não se atreveram a desferir as lanças, e mais depressa consentiram em receber o Vencedor.

Eis, até ao momento, todas as minhas descobertas, Senhora, e, como não me fio nas minhas próprias luzes, vou consultar todos os sábios da Europa. Crede bem que não me pouparei o tempo nem o trabalho. As obras que não são mais do que um jogo de espírito não exigem mais do que os nossos momentos de ócio; mas as pessoas sentem-se levadas de uma verdadeira emulação quando se empreende algum ponto essencial da história.

Tenho a honra de ser, etc.

TERCEIRA CARTA

A nossa obra avança, Senhora; várias pessoas sensatas sentiram a sua utilidade e socorreram-me com as suas luzes; temo seriamente que a Senhora de anteontem tenha desmaiado de propósito: já quase não é de bom-tom jogar com certos receios; assim, em breve todos deixarão de ter medo dos Gatos. As mulheres só adotam os jeitos ridículos que têm em si mesmos um carácter espirituoso; a sua vaidade é, nesta matéria, muito mais sensata do que a nossa.

Mas será suficiente para nós ver a antipatia pelos gatos esmorecer? Não seria antes preciso que todos os olhos se abrissem para os seus méritos?

Já não voltará, de Astreu o tempo afortunado?
Dias de paz, prazer, ébrios de comoção,
   Em que o amor, uma vez jurado,
   Jamais deixava o coração;

Em que a Esposa, terna e querida,
Não tinha fado mais ditoso
Que passar o resto da vida
Entre o seu Gato e o seu Esposo.

[Ne reviendrez-vous point, heureux siècle d'Astrée ?
Jours de paix, de plaisirs, ivresse du bonheur,
Où l'amour une fois jurée,
Pour jamais régnoit dans un cœur ;
Où l'Épouse tendre & chérie,
Ne connoissoit de sort plus doux,
Que de passer toute sa vie
Entre son Chat & son Époux.]

Mas não nos detenhamos, Senhora, em ideias demasiado lisonjeiras; passemos antes às verdades históricas que ainda temos de fazer valer.

Os Árabes adoravam um Gato de ouro; tinham os Gatos em tão boa opinião que nunca foram capazes de lhe atribuir uma origem semelhante à dos outros animais. Singularizavam-na por meio de uma fábula que logo adquiriu, entre eles, autoridade histórica. As Ratazanas, segundo esta fábula, tinham-se multiplicado na Arca, e roíam sem discrição a ração dos outros animais. Noé resolveu destruí-las, e, aproximando-se do Leão, deu-lhe um açoite: este açoite causou no Leão um espirro, e do espirro saiu um belo Gato, o primeiro Gato que apareceu para travar a guerra contra os Ratos.

Este acontecimento maravilhoso não é, como vedes, Senhora, suficientemente desenvolvido pelo autor Árabe[22]; ele não explica por que motivo Noé determinou açoitar preferencialmente o Leão; mas, felizmente, encontramos a mesma fábula desenvolvida com maior clareza nas *Cartas Persas*[23]: eis como ela é contada. *Havia saído do nariz de um Porco um Rato que ia roendo tudo o que tinha pela frente, o que se tornou tão insuportável para Noé que o fez considerar ter razões para consultar Deus novamente; foi, então, ordenado a golpear com grande força a cabeça de um Leão, que logo espirrou, e fez sair pelo nariz um Gato.*

As circunstâncias desta Fábula, restituídas muito a propósito pelo Autor das *Cartas Persas*, provam bem com quanto zelo e subtileza é ele capaz de sentir os traços certos a alinhar no concerto de uma obra; e este fragmento da história dos Gatos não contribuiu pouco, sem dúvida, para o sucesso de um livro tão geralmente aplaudido. E quanto aos Persas, Senhora (sabe-se que era um povo esclarecido), haverá quem acredite que não tinham os Gatos em muita estima? Basta ler o que se passou no reinado de um dos seus reis mais ilustres. Chamava-se Ormuz. Tranquilo no seio da paz, este Monarca soube que um exército de trezentos mil homens, comandado pelo Príncipe Schabé-Schah, seu parente, encetava uma invasão ao seu Império; reuniu os Ministros, e enquanto deliberava numa conjuntura tão premente, apresentou-se um velho venerando, que falou assim: *Rei, o Exército do Rebelde pode ser destruído num só dia, e tendes em vossos Estados o Herói ao qual tamanha vitória está reservada. Reconhecê-lo-eis entre os vossos Capitães por uma distinção tão rara quanto afortunada; mas para não parecer suspeito nisto que afirmo, devo recordar-vos dos serviços que prestei ao Rei Nouchirvan, vosso ilustre pai. Foi a mim que este Monarca confiou a missão de ir pedir em seu nome ao Khacan dos Turcos uma das suas filhas em casamento; quando fui introduzido no Palácio das Princesas, todas elas me pareceram extremamente formosas, e eu teria ficado muito embaraçado na minha determinação se acreditasse que só a beleza podia ser critério da minha escolha; mas eu queria que fossem as qualidades do coração e do espírito a pesar mais na balança. Pedi ao Khacan liberdade para permanecer algum tempo na Corte, a fim de poder conhecer o carácter das Princesas suas filhas. Todas elas demonstravam igual anseio de se tornarem mulheres do Rei da Pérsia, e eu examinava secretamente os diferentes atributos de que cada uma se fazia valer para me convencer a dar-lhe a preferência; uma só (e foi esta que se tornou Rainha, vossa mãe), uma só, digo, manteve a mesma conduta por que sempre se conduzira; era de uma grande amabilidade de carácter; sempre o mesmo gosto em cumprir as suas obrigações, um certo encanto de espírito que a fazia agradável a quem quer que se aproximasse dela. Enfim, para atrair a minha escolha, nunca quis parecer aquilo que não era, e a mim me pareceu reconhecer neste comportamento o verdadeiro carácter da virtude. Pedi-a em nome do meu Rei; e o Imperador, seu pai, seguindo o costume de seus Estados, antes da partida da Princesa, mandou fazer o seu horóscopo pelos mais hábeis Astrólogos. Todos concordaram numa circunstância; previram que ela teria um filho que superaria em renome todos os seus antepassados; que este Príncipe seria atacado por um dos Reis do Turquestão, sobre o qual lograria uma vitória retumbante, se tivesse a sorte de encontrar entre os súbditos alguém com a fisionomia de um Gato bravo.*

Terminado o discurso, o velho, que tinha a Ciência dos Sábios, desapareceu como um relâmpago.

O Rei já só pensava em procurar o herói que devia salvar os seus Estados. O velho não havia declarado o seu nome, nem dado luz alguma quanto ao seu paradeiro; mas a afortunada aparência do Gato logo o fez reconhecê-lo na pessoa do Baharam, apelidado de Kounin. Este era da raça dos Príncipes de Rey, e governava então a Província do Azerbaijão. Ormuz instigou-o a tomar o comando do seu exército, e ficou maravilhosamente surpreendido quando Baharam não escolheu mais do que doze mil homens para combater os trezentos mil rebeldes. Esta tropa, animada pelo presságio admirável que era a fisionomia do seu General, venceu o exército inimigo; Baharam matou de seu próprio punho o Príncipe Schabé-Schah, e tomou-lhe o filho por prisioneiro; assim, a vitória mais digna de ilustrar a Pérsia pode ser vista como obra de Gatos. Quando Senaquerib, Rei dos Árabes e dos Assírios, perdeu a célebre batalha contra o Rei do Egito, teria sentido esse tão grande revés se tivesse tomado a precaução de incluir os Gatos no seu exército? Estava acampado perto de Pelúsio, quando, uma noite, os Ratos-do-Campo se introduziram no acampamento, roendo os arcos e as partes que serviam para segurar os escudos; Sethon, que reinava então no Egito, e que só dispunha de um punhado de soldados, atacou nesta conjuntura as tropas de Senaquerib, que, desprovidas de armas, não tiveram outro recurso senão a fuga ou o cativeiro. Tivesse o Rei dos Assírios a assistência de algum Gato e teria conquistado o Egito.

Se nem todos os Historiadores célebres se dedicaram do mesmo modo a reportar os acontecimentos maravilhosos ocasionados pelos Gatos, descobrimos, pelo menos, que todos tinham por eles em geral marcada estima. Luciano, no seu

Diálogo da Assembleia dos Deuses, ao examinar os animais honrados no Egito, ridiculiza os Macacos, os Cinocéfalos, as Esfinges; mas guarda pelos Gatos um respeitoso silêncio. Este recato, num Filósofo tão cínico, só pode ser visto como um verdadeiro elogio; e esta não foi a única ocasião em que os Gatos foram tratados com tamanha consideração. Entre os Romanos, impedia-se ciosamente que os Cães entrassem nos Templos de Hércules; o sacrifício seria interrompido, e os mistérios profanados. Aqueles que criaram esta lei haviam previsto, sem dúvida, que os Gatos, que pela sua agilidade conseguem alcançar passagem por lugares que os Cães não podem sequer abordar, poderiam facilmente aparecer nos Templos; os Gatos, no entanto, não eram designados naquela lei exclusiva. Haverá prova mais manifesta de que a presença dos Gatos era coisa bem vista nas mais augustas assembleias? Já os mostrámos ocupando os lugares de honra nos festins do Egito, comendo e fazendo as delícias dos convivas com o charme de suas vozes: esta circunstância do seu triunfo, que parecerá talvez mais difícil de crer, tem ainda, no entanto, uma prova muito clara no que diz Plutarco a propósito das Cigarras, a que chama Músicas. Plutarco sugere que elas eram estimadas como tal por Pitágoras; e que foi em favor de sua música que ele proibiu que se guardassem em casa ninhos de Andorinha, porque estes pássaros comem as Cigarras. Ninguém contestará, creio eu, que Pitágoras tenha sido o mais delicado conhecedor de música que a Antiguidade produziu. Alguém que ouve o concerto dos Astros, que sente se o Planeta Terra produz, pelo seu movimento, uma terceira ou uma oitava exata com o som que forma o Planeta Vénus, deve ser digno de crédito quando declara que as Cigarras são Músicas; e, em boa-fé, se o seu canto é melodioso, seria preciso estar de muito mau humor para disputar aos Gatos a mesma vantagem. Convenhamos, pelo menos, que a voz dos Gatos é mais retumbante; e é, aliás, mais fácil distinguir a variedade e o padrão do seu canto; este é tão simples e agradável que as crianças que ainda agora deixaram o berço o retêm, e se dão ao prazer de o imitar. Mas já tivemos, Senhora, numa festa dada na Corte de Luís XI, uma música ao lado da qual um concerto de Gatos se torna a coisa mais simples do mundo. Imagine-se que se pôs em execução diante deste Príncipe uma Ópera de um género completamente novo: era toda ela formada por Porcos, e teve até muito sucesso. Depois deste exemplo, coramos, como podeis ajuizar, Senhora, em continuar a suster muito mais tempo o encanto da música dos Gatos. Aqueles que lhe não são sensíveis devem somente culpar o pouco zelo que tiveram na formação do gosto.

Hermes Trismegisto foi quem primeiro descobriu no Egito que as três partes da Música têm uma grande relação com as estações do ano: que a alta se parece com o Verão, a baixa com o Inverno e a média com a Primavera; ninguém contava com tais semelhanças. A Música tem um certo número de características que não se apresentam senão quando nos determinamos de facto a descobri-las; as nossas ideias sobre as expressões da voz dos Gatos ainda estão muito confusas; será preciso que um dia um novo Trismegisto as torne sensíveis, e as dê a conhecer com todo o seu acerto e beleza; tão curioso conhecimento não estará, porventura, assim tão longe como se pensa. Um homem deste século[24], a quem devemos mui graciosas Poesias, ficou ainda mais célebre pelo estudo que fez da Linguagem dos Gatos; estudo suficiente, e em que foi deveras bem-sucedido, onde mostra compreender exatamente o que exprimem as diferentes inflexões da sua voz; e o que é admirável é que, para adquirir esta inteligência, basta ouvir recitar uma vez um Diálogo que ele compôs, em que conversam dois Amantes. Eis, Senhora, esta cena encantadora; muito se perderá se for apenas lida, ainda que esteja escrita com elegância e precisão; a maneira

de a declamar como ele faz, à maneira dos Gatos,
é que lhe dá todo o carácter de verdade. A cena
passa-se ao canto de uma lareira, numa cozinha.

>GATA, *vendo rodar o espeto, lambendo os beiços.*
>   Tão bom.
>GATO, *reparando na Gata, e aproximando-se com um ar tímido.*
>   Não se faz nada por aqui?
>GATA, *olhando-o de soslaio.*
>   Ohn.
>GATO, *num tom apaixonado.*
>   Não se faz nada por aqui?
>GATA, *num tom de pudor.*
>   Não, não.
>GATO, *espevitado.*
>   Vou embora, então.
>GATA, *amansando.*
>   Oh, não.
>GATO, *fingindo afastar-se.*
>   Vou embora, então.
>GATA, *com ares de vergonha.*
>   Suba lá. (*Mais alto.*) Suba lá.
>JUNTOS, *correndo escada acima.*
>   Subamos, subamos.

Os dois Amantes logo chegam ao algeroz, e a cena culmina em clamores de paixão, entremeados por aquelas expressões ingénuas dos antigos Romances, e que a delicadeza do século baniu das nossas Obras.

Tenho a honra de ser, etc.

QUARTA CARTA

Alexandre e os Césares viram cidades adotar os seus nomes; as Gatas tiveram a mesma glória.

Perto de Pafos, que, a despeito da poesia, mudou o nome para *Bafa*, há um Cabo célebre, na ponta da ilha de Chipre; chamam-lhe *Cabo das Gatas*, e é com justiça que a sua memória é ali extremamente honrada. Nele se encontram as ruínas de um Mosteiro cujos Religiosos criavam outrora grande quantidade de Gatos para fazerem guerra às Cobras, que desolavam a terra; e aqueles animais eram tão bem disciplinados que ao som de um sino convergiam todos para a Abadia, à hora da refeição, e tornavam depois aos campos, onde continuavam a caça com admirável zelo e ardor. Na conquista que os Turcos fizeram daquela ilha, foram destruídos, juntamente com o Mosteiro: as mudanças de domínio acarretam sempre grandes desastres.

Por todo o Oriente se semeia o renome dos Gatos; estes são tratados em Constantinopla com o mesmo respeito que as crianças de uma casa. Por toda a parte se encontram edifícios fundados por pessoas da mais alta consideração para usufruto dos Gatos, que querem viver a sua independência. Há casas abertas onde são recebidos com polidez, têm direito a uma refeição de qualidade, e podem lá passar as noites; e, se estas habitações se situam em zonas que, de algum modo, não convenham à saúde de alguns Gatos, estes podem escolher outro asilo, sendo que há grande número de estabelecimentos em quase todas as Cidades. O título mais antigo que receberam os Gatos, para os Turcos, vem de uma tradição antiga que está ligada à história de Mamoé; esta é, sem dúvida alguma, a melhor parte da sua vida. *Ele encarecia de tal sorte o Gato que, sendo um dia consultado a propósito de um assunto de Religião, preferiu cortar um pouco de fazenda da manga, sobre a qual o animal repousava, a acordá-lo, quando se levantou para ir falar à pessoa que o esperava.*[25]

Foi só no século XVI que chegou, enfim, até nós uma raça daqueles Gatos que eram tão encarecidos no Levante. Procurei atentamente todas as provas do seu estabelecimento em França, e o detalhe das diferentes ramificações que se desenvolveram: mas para dar melhor luz à história desta casa fiz

uma genealogia: aqui vo-la envio*, Senhora; dizei-
-me, se vos apraz, e se esta forma vos parece suficientemente clara e assaz razoável.

Tornemos à grande paixão que têm os Asiáticos pelos Gatos. Talvez nos objetem que ela não é
mais do que o efeito da superstição. O exemplo de
Maomé, dir-me-ão, é o seu único móbil; mas, para
provar a ilusão deste raciocínio, basta-nos recorrer
à história.

Maomé, tendo obtido, de entre todos os seus
sectários, a mais íntima confiança de Abdorraham,
pretendeu honrá-lo dando-lhe um ilustre apelido.
Era hábito entre os Árabes ser apelidado pai de
alguma coisa com a qual se relacionasse pelos seus
costumes ou talentos; daqui sucede que Chalid,
anfitrião de Maomé durante a viagem a Medina,
tenha adquirido, pela sua extrema paciência, o
nome de *Abujob*, quer dizer, *Pai de Job*. Maomé, entre
as qualidades mais estimadas de Abdorraham,
achou não poder tirar nome mais honroso senão
da afeição que ele tinha por um Gato que trazia
sempre nos braços; apelidou-o, portanto, e por
excelência, de *Abuhareira*, que quer dizer *o Pai
do Gato*.

---

* V. anexo no fim desta carta.

Maomé, então, nos primeiros progressos da sua sedução, pesava todas as demandas: era demasiado político para chamar a um dos seus discípulos, a quem queria dar autoridade, *o Pai do Gato*, não tivessem os Gatos grande consideração entre os Árabes. O efeito que os nomes próprios produzem na nossa imaginação não nos dá ensejo de crer que em todas as Nações houve sempre uma ideia de elevação, ou de envilecimento, apegada a esses nomes próprios? Teria sido, sem dúvida, um grande revés para Meca e Medina chamar-se *Pai dos Porcos*, sendo estes animais proscritos pelo Alcorão.

Escapou às indagações dos vários Viajantes uma tradição Oriental sobre a origem dos Gatos que me parece mais imponente do que algumas das que acabam de ser reportadas, e que é verosímil em todas as circunstâncias; recolho-a de um Mulá[26] que acompanhava em França o último Embaixador da Porta. Eis a dita tradição:

Nos primeiros dias em que os animais foram fechados na Arca, espantados com a agitação do barco e com a nova pousada que habitavam, ficaram cada um em seu aposento, sem se informarem do que se passava com os animais vizinhos. O Macaco foi o primeiro a enfadar-se desta vida sedentária; foi fazer umas malandrices a uma jovem Leoa que estava na vizinhança.

Este exemplo propagou-se universalmente, e espalhou pela Arca um espírito de galanteio que durou toda a jornada que ali fizeram, e que alguns animais guardaram ainda em terra. Cometeu-se, em diferentes espécies, um número admirável de infidelidades, o que deu origem a animais até então desconhecidos. Foi dos amores do Macaco e da Leoa que nasceram um Gato e uma Gata, que, por uma distinção bem vincada em relação aos outros animais nascidos, como eles, das galanterias que tiveram lugar na Arca, adquiriram, ao nascer, a faculdade de multiplicar a sua espécie.

Em todas as Nações da Ásia, abundam tradições em glória dos Gatos; mesmo entre os Indianos, cujos Brâmanes, seus primeiros Filósofos, conservam há muito uma alta reputação, encontramos em Obras de Filosofia os Gatos e os Brâmanes juntos lado a lado. Descobri, a propósito, um fragmento da história dos Deuses da Índia muito autêntica; vem de uma relação manuscrita que se encontra nas mãos de alguém conhecido por ser pessoa de grande espírito e profunda erudição.[27]

FRAGMENTO
da História dos Deuses da Índia

O Gato, o Brâmane e o Penitente

Um Rei das Índias, chamado Salamgam, tinha em sua Corte um Brâmane e um Penitente, célebres, um e outro, pela excelência das suas virtudes; daqui resultou entre eles uma rivalidade e uma dissensão que causava amiúde maravilhosos acontecimentos.

Um dia, quando estes ilustres Atletas disputavam perante o Rei o grau de virtude que cada um pretendia ter sobre o outro, o Brâmane, ultrajado por ver o Penitente partilhar com ele a estima da Corte, declarou altivamente que a sua virtude era tão meritória do Deus Parabaravarastou, que é, na Índia, o Rei das Divindades de primeira ordem, que naquele mesmo instante podia de sua livre vontade fazer-se transportar a um dos sete Céus a que os Indianos aspiram. O Penitente tomou o Brâmane à letra; e o Rei, que haviam escolhido por juiz do seu diferendo, prescreveu-lhe que fosse ao Céu de Devendiren, e que trouxesse uma flor da árvore chamada *Parisadam*, cujo odor, por si só, comunica a imortalidade. O Brâmane saudou profundamente o Rei, levantou voo e desapareceu como um relâmpago. A Corte ficou pasmada; mas ninguém duvidava, no entanto, de que perderia a contenda. O Céu de Devendiren nunca fora acessível aos mortais. É onde moram quarenta e oito milhões de Deusas, que têm por maridos cento e vinte e quatro milhões de Deuses, de que Devendiren é Soberano; e a flor *Parisadam*, pela qual zela extremosamente, é a principal delícia do seu Céu.

O Penitente teve o cuidado de fazer valer todas estas dificuldades, e aplaudia já a iminente vergonha do seu rival, quando, de súbito, o Brâmane reapareceu com a flor celeste que só podia ter sido colhida nos Jardins do Deus Devendiren. O Rei e toda a Corte caíram de joelhos em admiração, e exaltaram a sua virtude ao mais supremo grau. Só o Penitente se recusou a prestar-lhe homenagem. «Rei», disse, «e vós outros, nessa Corte seduzida com tanta facilidade, vedes o acesso do Brâmane ao Céu de Devendiren como uma grande maravilha. Ora, não é mais do que uma virtude banal: sabei que para lá envio o meu Gato quando bem me apraz, e que Devendiren o recebe com todas as mostras de amizade e distinções.» Assim disse, e, sem esperar réplica, fez aparecer o dito Gato, que se chamava *Patripatan*. Disse-lhe uma palavra ao ouvido, e eis que o Gato se lança e, à vista de toda a

Corte extasiada, se perde nas nuvens; irrompe pelo Céu de Devendiren, que o toma em seus braços e lhe faz mil carícias.

Até então, o projeto do Penitente decorria às mil maravilhas; mas a Deusa favorita de Devendiren ficou de todo enlevada à vista do amoroso *Patripatan*, de tal sorte que quis absolutamente ficar com ele.

Devendiren, a quem o Gato havia já explicado o assunto da sua embaixada, opôs-se. Explicou-lhe que *Patripatan* era aguardado na Corte do Rei Salamgam; que valia a reputação de um Penitente; que a maior afronta que se podia fazer a uma pessoa era privá-la do seu Gato. A Deusa nada quis ouvir; tudo o que Devendiren pôde obter dela foi que o guardasse somente por dois ou três séculos, findos os quais o devolveria à Corte que o aguardava. Salamgam, no entanto, impacientava-se com a ausência do Gato; só o Penitente permanecia de rosto impávido. Enfim, esperaram os três séculos inteiros sem outro inconveniente além da impaciência, pois o Penitente, pelo poder da sua virtude, impediu que todos envelhecessem. Esgotado o tempo, viram de súbito o Céu embelezar-se, e de uma nuvem de mil cores sair um trono feito de diferentes flores do Céu de Devendiren. O Gato encontrava-se majestosamente sentado naquele trono e, chegando-se ao Rei, ofereceu-lhe com uma pata encantadora um ramo inteiro da árvore que dá a flor de *Parisadam*. Toda a Corte gritou vitória; o Penitente foi universalmente felicitado; mas o Brâmane atreveu-se, por sua vez, a disputar-lhe este triunfo. Argumentou que a virtude do Penitente não operara por si só o grande sucesso; que era consabido o gosto expresso que Devendiren e a sua Deusa tinham pelos Gatos, e que sem dúvida era devida a *Patripatan*, nesta maravilhosa aventura, pelo menos metade da glória. O Rei, consciente desta judiciosa reflexão, não soube decidir entre o Penitente e o Brâmane; mas todos os sufrágios se reuniram na admiração por *Patripatan*; e, desde aquele acontecimento, o ilustre Gato fez as delícias da Corte e ceou todas as noites ao ombro do Monarca. Podeis crer que assim foi, Senhora.

Tenho a honra de ser, etc.

GENEALOGIA
histórica da ilustre Casa de BRINBELLE*,
originária da Ásia.*

BRINBELLE, primeira de seu nome, nascida em Constantinopla no milésimo centésimo ano da Hégira, que responde ao ano de 1699 da nossa era, desposara em primeiras núpcias o Gato favorito do Grão-Senhor. Tendo perdido o dito esposo, embarcou com destino a França e deu à luz na embarcação duas Gatas póstumas. Desposou em Paris, em segundas núpcias, no primeiro de Maio de 1700, MARMOTIN; e em terceiras núpcias, a 17 de Agosto de 1704, o famoso RATILLON DA AUSTRÁSIA.

A conduta heroica que conservou depois das revoluções que sucederam no sexo do seu terceiro esposo tornou-a célebre enquanto houver Gatas no mundo. O evento é tratado em maior detalhe na carta que se segue.

Primeiro casamento	Segundo casamento	Terceiro casamento
BRINBELLE, **MANON I.ª** II.ª de seu nome	O grande **ROUROUX**	O grande **BLANBLANC**

Mandada para o campo à sua revelia, tornou-se afoita e rancorosa, e não mais se dignou a ter comércio com os homens. Reapareceu, no entanto, ao cabo de algum tempo, com o mesmo carácter de doçura que se lhe conhecia. Trouxe consigo dois Machos, seus filhos, cujo pai se desconhece; e, ao ver que estes foram bem acolhidos, contente por lhes ter provido estabilidade, tornou à sua solidão campestre. Estes belos Machos foram chamados os dois Areopagitas, à conta de sua catadura grave e comedida conduta.

Nem um nem outro tiveram alguma posteridade, graças à perfídia de um Caldeireiro traidor.

AREOPAGITA, o primogénito

AREOPAGITA, infante

O seu carácter é mui amável, ainda que assaz frio a princípio. Não se sentem à vontade senão junto dos seus verdadeiros amigos: mas, quando assim se acham, têm as mais graciosas maneiras do mundo.

OBSERVAÇÃO

Pareceu-nos pertinente expor a presente Genealogia em imitação das que têm os Povos da Índia, que contam as filiações pelas filhas, visto que os descendentes são mais exatos, e que, aliás, é uma Gata que, em França, constitui a fonte desta admirável raça de Gatos Asiáticos.

Nota — *Nesta Genealogia de Brinbelle, a data da sua chegada a França é falsa, e as do nascimento de seus ilustres filhos também o são; afora isto, a Genealogia é extremamente fiel.*

QUINTA CARTA

Suspeita-se, Senhora, de que os Gatos tenham uma propensão para fazer mal; é conhecê-los muito pouco! Basta uma pincelada para lhes traçar uma apologia; este traço, que provará a sua mansidão e facilidade, será por isso a vergonha dos homens: mas trata-se de justificar a inocência; nada poderíamos escamotear. Façamos um esforço, Senhora. Consideremos com atenção os Gatos no instante do atentado que ousadamente se faz à sua pessoa pelo bárbaro ministério dos Caldeireiros[28], uma vez consumada a perfídia. Um Gato, seduzido pelas carícias de um homem que tão benqueria como a um mestre, entregou-se afinal nas mãos de um inimigo. Lá se escapa, enfim; sente-se ultrajado; sempre tem aquela garra cujo alcance muito se exagera: no entanto, um generoso desprezo torna-se a sua única vingança. Contenta-se em fugir dos homens, que tão desumanamente o traíram; mas depressa é invadido por essa infeliz inclinação para eles, com que nasceu, e regressa, mostrando-lhes como reprimenda somente aquela taciturnidade e aquele langor com que passa o resto da vida.

 Um soneto em versos rimados, preenchidos pelo Sr. de Benserade, é um quadro admirável da nobre aflição dos Gatos, quando se tem experiência dos horrores da mutilação. O Gato da Senhora Deshouillères é o herói desta trágica aventura.

  «Eu nada digo, e mostro boa... *cara*,
  E calo o rancor desde o aziago... *dia*
  Em que do amor me cortaram a... *via*:
  Eu, Gato galante de raça... *rara*.»

  Queixa-se Moricaut, chora e não... *para*
  Contra a mão que lhe aplicou tal... *perfídia*;
  Brando era ele antes, agora... *rufia*;
  Agora é tristonho, outrora... *folgara*.

  Era valoroso; fez-se um... *coitado*,
  Errando no algeroz, sobre o... *telhado*,
  Ainda sonha com o seu... *Harém*;

  Pois tinha no prazer certo... *talento*,
  Amputado assim da vida de... *quem*
  No auge da idade se vê sem... *alento!*

[Je ne dis mot & je fais bonne... *mine*
Et mauvais jeu depuis le triste... *jour*
Qu'on me rendit inhabile à l'... *amour.*
Des Chats galants, moi, la fleur la plus... *fine ;*

Ainsi se plaint Moricaut &... *rumine*
Contre la main qui lui fit un tel... *tour ;*
Il est glacière, au lieu qu'il étoit... *four ;*
Il s'occupoit, maintenant il... *badine.*

C'étoit un brave & ce n'est plus qu'un... *sot,*
Dans la gouttière il tourne autour du... *pot,*
Et de bon cœur son Serrail en... *enrage ;*

Pour les plaisirs il avoit un... *talent,*
Que l'on lui change au plus beau de son... *âge :*
Le triste état qu'un état... *indolent !*]

Que não se diga, então, que os Gatos não conhecem o preço daquele atributo que nos arrogamos (tiranos como somos) o direito de lhes tirar. Não compete senão aos homens suportar, sem corar, tamanha afronta. Outrora, um Sacerdote de Cibele, que, no seu delírio, se havia, por assim dizer, desunido de si mesmo, reapareceu na sociedade com mais confiança e consideração. Hoje, uma criança de tributo ensoberba-se da miséria que lhe abrirá o interior do Palácio do seu Sultão; é felicitada por esse vergonhoso rumo em favor do seu mestre. Um Gato mutilado não só sente todo o peso da sua indigência, como a sente ainda, aos olhos dos outros Gatos, como um vício que os dispensa de todas as obrigações para com ele; fazem-lhe mil injúrias; enchem-no de ultraje. O erro vulgar é que são as Gatas que se encarregam de rematar este ódio; mas esta falsa persuasão é só um efeito da ignorância em que se acha o comum dos homens quanto ao que se passa nos algerozes. Se alguém se tivesse dado ao trabalho de escrever as Memórias da vida da célebre Gata do Palácio de Guise, cuja genealogia é reportada na Carta anterior, não seriam necessárias mais provas para mostrar que são somente os Gatos que ousam insultar até à náusea os seus confrades mutilados; ao mesmo tempo, dar-se-ia a conhecer de quanta fidelidade no amor, e de quanta delicadeza uma Gata pode ser capaz.

A amorosa Brinbelle, como já mostrámos, desposara em terceiras núpcias Ratillon da Austrásia; jamais dois esposos sentiram um pelo outro inclinação tão viva e duradoura; ver-se e amar-se foi mutuamente para eles aquilo a que chamamos obra de um momento, e esta maneira de união tem muito encanto.

Amor que está para nascer
Nunca se demora a enformar;
Os dois começam por amar,
Que é doce meio de se conhecer!

[Un amour qui doit un jour naître
Ne sauroit trop tôt se former ;
Commencer tous deux par s'aimer,
Est un moyen si doux de se connoître !]

Amaram-se, pois, os nossos Gatos desde a primeira vez que se viram, e só se conheceram amando-se ainda mais. Não havia telhado solitário onde não fossem dar testemunho de uma união tão digna de inveja, e miar (se me atrevo a roubar esta graciosa tirada ao Sr. de Voiture) seus mútuos amores. Um vizinho, de costumes bastante selvagens, por não ver com bons olhos que a conversa dos nossos amantes lhe interrompesse o sono, atraiu com carícias dissimuladas o jovem Macho, e montou-lhe armadilhas que, fosse ele outro, de sangue-frio, teria visto; mas este deixou-se apanhar.

Amor, Amor, quando tu vens,
Dizemos logo «adeus, prudência».

[Amour, Amour, quand tu nous tiens,
On peut bien dire, adieu, prudence.]

Caiu, assim, nas mãos do inimigo, que, no seu furor, fez dele um novo Átis. Imaginai a dor da Gatinha Amante, quando descobriu aquele mistério de desumanidade. Não imagineis que a nossa Heloísa moderna se quedou, como a esposa de Abelardo, lamuriando o bem-estar que o esposo já não lhe podia garantir.

O coração faz tudo, o resto é inútil,

[Le cœur fait tout, le reste est inutile]

parece ter dito expressamente para glória da nossa Gata o Sr. de la Fontaine. Em vão, uma multidão de Gatinhos amorosos e diligentes lhe ofereceram os cuidados que entendiam ser o mais seguro consolo para ela.

Nada pôde abalar a sua fidelidade. Heloísa consentiu em encerrar-se num claustro cuja austeridade não lhe dava ensejo de perder a fé no seu Abelardo. A nossa Gata, mais segura de si e mais afeiçoada ao seu Amante, não fez o mínimo esforço para ser virtuosa; conservou toda a sua liberdade, e não a empregou senão em permanecer fiel. Não perdeu de vista, nem por um momento, aquele Gato tão querido, e como os animais da sua espécie, muito delicados no que toca à perfeição dos seus semelhantes, tratam com ultraje aqueles que, como ele, estão, por assim dizer, separados do seu ser, ergueu-se afoita em sua defesa; cem vezes a viram esgrimir as garras contra os agressores do Gato adorado, entre as patas do qual passou deliciosamente o resto da vida.

Confessai, Senhora, que desde que há Amantes poucas vezes se encontrou um modelo de paixão tão pura, e de tão bom exemplo. Ouvimos dizer muito amiúde que os temas da Tragédia estão esgotados. Porque não recorrer a acontecimentos tão imponentes como este, e que têm lugar debaixo dos nossos olhos? Que poema dramático se faria dos amores generosos que acabamos de representar! Se, por receio da singularidade, não nos atrevêssemos a pôr em cena os nossos Heróis na sua forma natural (o que faria contudo, penso eu, um efeito admirável), seria tão simples fazê-los aparecer com nomes gregos! Não temos já, desde os tempos da decadência do Império do Oriente, assaz grande quantidade de personagens conhecidas que experimentaram os infortúnios do Gato do Palácio de Guise? Esta circunstância, que podia formar o núcleo da peça, ficaria assim ligada à história; mas acabo sempre a pensar que a representação seria muito mais interessante mostrando o tema na sua primeira simplicidade: estamos tão habituados a ver apenas homens em palco; seria, no teatro, uma estimulante novidade, acompanhada, sem dúvida, de muito sucesso.

Falamos da fidelidade das Gatas. Que prova mais gloriosa para elas do que esta simpatia pelo esposo, que tantos Naturalistas já reconheceram! Quando ele morre enquanto elas estão prenhes, para nos servirmos do termo vulgar, saibam ou não da sua morte, logo se dá nelas uma revolução que as faz de súbito abortar.

E aquela grande grita que dão as Gatas durante a noite, na parte superior das Cidades, considera-a a arraia meros clamores maquinais. Os Antigos dividem-se nesta matéria. Um deles arguia serem as garras do Macho, que, por excesso de zelo, as abraçava com demasiada avidez; outro[29] imaginou ainda uma outra causa galante, que é difícil conceber como há de ser explicada. Faz da Gata uma Sémele, e do Macho um Júpiter; mas a verdadeira origem daqueles gritos é obra da prudência de uma Gata que traz no peito uma grande paixão.

Eis, então, a opinião mais comummente aceite a respeito das exclamações das Gatas; esta que acabo de citar estava num encontro com um Gato que amava perdidamente. Quem segue a Filosofia antiga defende que aquele seria o preciso momento em que o Amante triunfava da sua fraqueza.

É certo que este sentimento se funda na opinião de Aristóteles, que argumenta *que as Gatas, tendo mais temperamento do que os Gatos, muito longe de terem a força para os fazer sofrer um momento, lhes fazem eternas provocações, a ponto de chegarem a recorrer à violência, se o Macho der mostras de falta de zelo.*

Seja como for, apareceu um Rato, e eis que o nosso galã se vai no seu encalço. A Gata, espicaçada, como podeis ajuizar, imaginou um expediente para nunca mais sofrer tamanha afronta; consistia em dar, de quando em quando, altos gritos, cada vez que se encontrasse cara a cara com o seu amante. Estes gritos não deixaram de assustar o pobre Rato, que nunca mais se atreveu a vir perturbar os seus encontros. Esta precaução pareceu tão sensata e galante a todas as outras Gatas que, de ora em diante, quando estão com os seus Machos favoritos, afetam bradar os mesmos clamores: asseverado espantalho da espécie ratinheira. Meu Deus, como as mulheres seriam felizes se isto bastasse para impedir que os amantes se distraíssem delas!

Tenho a honra de ser, etc.

SEXTA CARTA

Ao examinar os axiomas da moral, descobrimos que aqueles que têm uma forma proverbial ficam mais geralmente estabelecidos no espírito; mas o que abona mais aos Gatos é a atenção que lhes é dada na formação da maior parte dessas máximas judiciosas.

Os Antigos deram definições da prudência muito dignas de duradouro crédito nos nossos espíritos; e elas mantiveram-se em tal autoridade até ao tempo em que alguém disse, num esforço de imaginação inesperado, que *gato escaldado de água fria tem medo*; causou admiração. Todo o resto da história desapareceu, e os Gatos ficaram em posse do símbolo perfeito da prudência. Quanta glória para eles que seja na sua conduta que os homens se vejam reduzidos a ir buscar os mais sensatos exemplos a seguir! Mas, também, que espetáculo cómico para os mesmos Gatos, ver-nos recair todos os dias nas armadilhas cujo perigo nos é já conhecido! Uma amante que nos terá traído cem vezes encontra ainda na nossa fraqueza uma fonte de confiança que lhe dá meio de cometer novas traições. Um Gato só pode ser ludibriado uma vez na vida; arma-se de desconfiança, não só contra quem o enganou, mas mesmo contra tudo o que o faça conceber a ideia do engano. A água quente ultrajou-o; isso basta para que tema também a fria, e terá desde então muito pouco comércio com ela.

Não vale a pena corarmos; é aos algerozes que devemos ir buscar a educação; é ali que encontraremos admiráveis exemplos de atividade, modéstia, nobre emulação, ódio à preguiça. Quando Aníbal, sem se permitir nenhum repouso, observava continuamente Cipião, a fim de encontrar uma ocasião favorável para o vencer, que modelo tinha ele diante dos olhos? Ele espiava o inimigo, como faz o Gato ao Rato.

É certo que de entre a abundância de provérbios cujo objeto principal são os Gatos alguns há que parecem feitos expressamente para os ridicularizarem; mas de que é que os homens não abusam? E quantas vezes a vaidade de aventar um dito espirituoso não motivou já graçolas injustas? Quando queremos representar um amor desenfreado que se apega aos primeiros objetos que se nos apresentam, dizemos comummente que nos estamos a roçar nos beirais; compromete-se, assim, a conduta das Gatas, sem examinar se elas merecem uma tal aplicação deste dizer. Por pouco espírito de análise que tenhamos, convenhamos que acusar as Gatas de se roçarem nos beirais é como se quiséssemos dar uma reprimenda a uma mulher bonita por se ter passeado no terraço de sua casa. É, então, muito certo que as Gatas em nada se afastam do exato bom tom, quando percorrem por sua vontade os telhados e as chaminés. Trata-se tão-só de examinar o que as atrai nos momentos que os homens dedicam ao repouso: é o amor, dir-me-ão, que as acorda? Sem dúvida. Mas é o prazer de amar, e não uma imaginação desregrada, como se supõe. É um Gato favorito, um só Gato, que elas normalmente procuram; e, aliás, se alguma delas tiver a fraqueza de se deixar vencer por alguns desses Machos de boa fortuna, aos quais se cede por vaidade, haverá logo outra Gata cuja conduta reservada pode muito bem ser admitida como compensação. Basta ler o famoso Soneto sobre a Gata da Senhora de Lesdiguières.

SONETO[30]

De olhos dourados, pelo suave, cinza e fino;
Única em sua casta, charmosa Donzela,
Menina de sua dona (Duquesa bela),
Pelos mortais cobiçado é o seu destino:

Menina é ela, e jamais conheceu Menino.
Ser Lucrécia entre as gatas foi sua proeza,
Gata para os demais, para os Gatos Tigresa:
Mas a meio da vida se lhe encurtou o caminho:

De que serve ora que, desdenhosa e feroz,
Jamais de um Macho, no cimo de um algeroz,
Tenha ouvido suspiros da amorosa sorte?

Estende a Parca os fios sobre tudo o que respira,
E de nunca ter amado o mais que se tira
É uma triste vida, seguida pela morte.

[SONNET

Menine aux yeux dorés, au poil doux, gris & fin ;
La charmante Menine, unique en son espèce,
Menine, les amours d'une illustre Duchesse,
Et dont plus d'un mortel envioit le destin :

Menine qui jamais ne connut de Menin.
Et qui fui de son tems des Chattes la Lucrèce,
Chatte pour tout le monde, & pour les Chats Tigresse :
Au milieu de ses jours en a trouvé la fin.

Que lui sert maintenant que, dédaigneuse & fière,
Jamais d'aucun Matou, sur aucune gouttière,
Elle n'ait écouté les amoureux regrets !

La Parque étend ses droits sur tout ce qui respire
Et de ne rien aimer, tout le fruit qu'on retire,
C'est une triste vie, & pois la mort après.]

 Seja como for que usemos os Gatos nas maneiras comuns de falar que se estabeleceram, resulta sempre uma consequência vantajosa para eles. Se não tivéssemos o hábito de nos ocuparmos deles, seria muito simples escolher outros animais, ou, enfim, outras figuras para darem corpo a provérbios do mesmo jaez. Mas os Gatos eram estimados; nunca era demais trazê-los ao assunto das nossas conversas; ligámo-los às máximas da moral. Ah! Que poderíamos nós pôr no seu lugar? Se quisermos fazer o retrato de alguém que saiba furtar-se com destreza de todas as situações embaraçosas, é simples e elegante dizer: *Fulano é como os Gatos, sabe cair sempre de pé.*

Há que admitir que este atributo, com o qual nasceram, é muito admirável. A Academia de Ciências não tratou com indiferença o cuidado estudo e explicação da sua causa. Desfrutai, Senhora, do excerto que se segue, tirado de uma Comunicação da dita Academia:

Os Gatos, quando caem de um lugar elevado, caem ordinariamente sobre as patas, ainda que as tivessem, a princípio, viradas para cima, e que devessem, por conseguinte, cair de cabeça; é muito certo que não poderiam virar-se assim no ar, onde não encontrariam nenhum ponto fixo de apoio; mas o susto que os atinge fá-los curvar a espinha lombar, de maneira que as entranhas são empurradas para cima. Ao mesmo tempo, esticam a cabeça e as patas na direção do lugar de onde caíram, o que dá a estas partes uma maior força de impulso: assim, o seu centro de gravidade acaba por ser diferente do centro da sua figura, e colocado acima deste. De que resulta que os animais tenham de dar meia-volta no ar, e virar as patas para baixo: o que quase sempre lhes salva a vida. O mais engenhoso conhecimento da mecânica não faria, em semelhante ocasião, melhor do que faz o sentimento do medo, confuso e cego.

Senhora, parece-me que isto não é grande elogio aos Gatos. Não me dei conta disso à primeira vista; apenas me tocou o prazer de saber que a Academia das Ciências se ocupou deles.

Deixá-los-emos salvar-se como uns imbecis, à mercê de um sentimento confuso e cego? Mas é o Sr. de Fontenelle que se explica assim; a quem nos queixamos? As suas Obras abarcaram todo o género de mentalidades. Tem admiradores por toda a parte; ele tem o direito de estar errado impunemente no que toca aos nossos Gatos. Reduzamo-nos a responder que se é só o medo que os serve assim tão bem, então a natureza tratou-os, pelo menos, com tamanha distinção que os fez encontrar na fraqueza os recursos da sua conservação; e que seria muito desejável para os homens que os sustos que apanham se parecessem com os dos Gatos.

Tenho a honra de ser, etc.

SÉTIMA CARTA

Uma vantagem bem vincada, Senhora, que têm os Gatos sobre todos os outros animais, é aquele asseio que lhes é tão natural. Muitos Sábios da antiguidade reconheceram antes de nós o ódio que eles têm aos maus odores, e o pudor com que se escondem nos momentos em que cedem às necessidades da natureza; e a sua atenção em esconder os efeitos dessa sujeição; este saber-viver (pois esta maneira de falar deve ser-nos permitida) não é, como nos outros animais, fruto de uma educação formada pela violência e pelos castigos; o asseio é para os Gatos uma dádiva da natureza. Ah! Quantas disposições afortunadas não lhes deu ela? Se um Gato, por estouvadice ou por humor (pois em que sociedade não se encontra um membro defeituoso?); se um Gato, digo, comete uma incivilidade ou uma injustiça, não há necessidade de injúrias e ameaças que se lhe imponham;

basta chamá-lo pelo nome: *ó Gato*, diz-se-lhe simplesmente. Ao som desta palavra, ele torna a si; sente a sua torpeza; não consegue suportar os olhares que acusam os seus desmandos. Foge; vai esconder a sua vergonha na solidão dos algerozes, e abandonar-se ao remorso.

Não é, portanto, de admirar que se veja tanta gente de primeiro gabarito sentir todo o apreço do comércio com os Gatos. A Senhora Deshouillères não pôde recusar à sua Musa o prazer de os celebrar. Uma grande Princesa[31] imortalizou Marlamain, seu ilustre Gato, com versos dignos de entalhe no Templo das Graças. Quanta vantagem não tiraremos nós daquela Obra? Rogo-vos, Senhora, que a leiamos de novo.

RONDÓ À MANEIRA DE MAROT

    Do meu Bichano queria um retrato;
    Preciso, pois, de um pincel bom e exato,
    Para delinear com grã gentileza
    Finos traços de graça e ligeireza;
    Mas Poeta medíocre sou, que ingrato!,
    Digo só: nada mais belo constato,
    Que nem Cupido, formoso e gaiato,
    Tem o espírito ou a delicadeza
        Do meu Bichano.

E se Jove muda em novo aparato,
Não há de ser Touro, Serpente ou Pato;
Mas há, para seduzir com destreza,
Despindo a divina pele que preza,
De se revestir na figura e trato
     Do meu Bichano.

REMATE

Bichano meu, meu consolo e meu bem,
Para te celebrar como convém,
Queria trazer de novo a esta vida
O que à Ave de Lésbia deu valida;
Ou então àquele que cantou outrora
De Issa o charme infindo, que ainda adora.
Mas, triste!, debalde em escuras paragens
Evoco tão famosas personagens!
Baste, pois, para te agora alegrar
Este Rondó que Amor me veio ditar.

[RONDEAU MAROTIQUE

De mon Minon veux faire le tableau,
Besoin seroit d'un excellent pinceau,
Pour crayonner si grande gentillesse,
Attraits si fins, si mignarde souplesse ;
Mais, las ! ne suis que chétif Poëtereau,

Dirai pourtant qu'il n'est rien de si beau,
Que Cupidon tant joli Jouvenceau,
Pas n'a l'esprit ne la délicatesse
    De mon Minon.

Que si Jupin se changeoit de nouveau.
Plus ne seroit Serpent, Cygne, ou Taureau ;
Ains pour toucher quelque gente Maîtresse,
Se dépouillant de sa divine espèce,
Revêtiroit la figure et la peau
    De mon Minon.

ENVOI

Gentil Minon, ma joie et mon soulas,
Pour célébrer dignement tes appas,
Voudrois pouvoir rappeler à la vie
Cil qui chanta le Moineau de Lesbie ;
Ou bien celui qui jadis composa
Carmes exquis pour la charmante Issa.
Mais, las ! en vain des ténébreux rivages,
Evoquerois si fameux personnages !
Il te faut donc aujourd'hui contenter.
De ce Rondeau qu'amour m'a su dicter.]

Quantos heróis não invejariam aos Gatos a glória de tamanho elogio? E que Musa não se orgulharia de ter feito aqueles versos?

Os Gatos podem, por isso, gabar-se de terem conquistado, para cantar suas ilustres personagens, os espíritos mais célebres do nosso século. Aqueles que procuraram causar-lhes dano caíram no olvido; o ódio aos gatos é nos Autores um traço de mediocridade; basta ler esta quadra do Cavaleiro de Acilly.

> Tende lembrança, nossa Gata,
> Que se à Cadela ergueis a pata,
> Mais depressa tornareis gola
> Para esta minha Camisola.

> [Notre Chatte, qu'il vous souvienne,
> Que si vous battez notre Chienne,
> Vous serez bientôt le manchon
> De notre petite Fanchon.]

Eis o que produz um génio vulgar. Scarron, dotado de uma bela imaginação, está longe de cair em tamanho logro. Dele nos chegou uma peça fugidia que prova ainda o enlevo que podemos sentir pelos Gatos; conta ele uma aventura que vos parecerá, decerto, como a mim pareceu, muito adequada a fazer o tema de uma Comédia de excelência.

EPÍSTOLA DE SCARRON
À *Senhora de Montatère*

De uma Dama (não digo quem,
Que ser discreto aqui convém
Quanto ao seu nome e parentela,
Figura e idade e o mais sobre ela;
Contou-me um amigo somente:
«Uma Dama», e é suficiente);
Uma Dama, pois, bem-ditosa
De um Gato seu, coisa amorosa,
Sem saber como se animar,
Teve ideias de o disfarçar.
Com umas tranças feitas de esguelha,
Pendendo um brinco em cada orelha,
A cabeça do Gato ornou,
E assim ornado o admirou:
No colo as pérolas de um fio
A olhos de Melro se parecem,
Ou Marmota (mais o merecem
Mas a rima não permitiu);
Uma camisa branca e fina,
Uma saia, com uma hongrelina,
Lenço ao pescoço, um cabeção,
Muito elevaram o Gatarrão.
Dele fizeram uma Donzela,
Na verdade, não muito bela;

Mas ela ao menos alegrou
A Senhora que a embelezou.
Diante de um espelho, a dita Dama
Mira-se com o Gato que ama,
Que não parece malquerer,
E nem fazer caso sequer
Do atavio tão disparatado
E de se ver idolatrado.
Porém, foi hora de alguém vir,
O que fez a Dama cair
Em breve distração do Gato;
Ora, sem pensar demais no ato,
Lá sobe o Gato a escadaria
Até se achar onde queria:
Vai do sótão ao algeroz,
E eis a Dama, num pranto atroz,
Aos gritos, conjurando a gente
Que o procurasse, diligente;
Mas no mundo dos algerozes
Os Gatos são reis e ferozes:
E foi em vão que o procuraram.
No dia seguinte indagaram
Aos vizinhos, contando a história:
Uns não creram em tal vanglória,
Mas outros sim, deram-lhe crédito,
Pois riram bem do feito inédito!
E, porém, teima em não voltar

O Gato Bravo. A Dama chora,
Não pela perda do colar,
Mas pela do Gato que adora.

[EPITRE DE SCARRON
À *Madame de Montatère*

Une Dame, on m'a fait secret,
Encore que je sois discret,
De son nom, de son parentage.
De sa figure & de son âge,
Un ami seulement m'a dit :
Une Dame, & cela suffit ;
Une Dame donc fort joyeuse,
D'un Chat qu'elle avoit amoureuse,
Ne sachant à quoi l'amuser.
Fit dessein de le déguiser.
D'une tresse faite à merveilles,
Et de riches pendans d'oreilles,
Le chef du Chat elle para,
Et l'ayant paré, l'admira :
Lui mit au col de belles perles,
Plus grosses que des yeux de Merles,
De Merlan, ce seroit mieux dit,
Mais la rime me l'interdit ;
Une chemise blanche & fine,

Une jupe, une hongreline,
Un colet, un mouchoir de cou,
Et force galans du Marcou.
Firent une brave Donzele ;
A la vérité pas fort belle ;
Mais au moins elle ravissoit
La Dame qui l'embellissoit.
Devant un grand miroir, la Dame
Tenoit la moitié de son ame,
Ce Chat qui ne témoiguoit pas
S'étonner, ni faire grand cas
Des caresses de cette folle,
Ni de se voir comme une Idole.
Cependant quelqu'un qui survint,
Fut cause que la Dame tint
Son Chat avecque négligence.
Sans mettre l'affaire en balance,
Le bon Chat gagna l'escalier,
Et de-là gagna le grenier,
Du grenier gagna les gouttières ;
Et voilà la Dame aux prières.
Aux cris, à conjurer les gens,
D'être après son Chat diligens ;
Mais dans le pays des gouttières,
Les Marcous ne s'attrapent guères :
On suivit le Chat, mais en vain.
On s'informa le lendemain

Des voisins, on leur dit l'histoire ;
Les uns eurent peine à la croire,
Les autres la crurent d'abord,
Et tous s'en divertirent fort ;
Et cependant le Chat Sauvage
Ne revint point ; la Dame enrage,
Moins pour les perles de son cou,
Que pour la perte du Marcou.]

 Parece, a julgar por esta aventura, que os Gatos não gostam de representar; tudo o que tenha ares de submissão repugna, aparentemente, àquela independência com que nasceram. O Sr. de Fontenelle contava há alguns dias que em criança tinha um Gato, com o qual costumava brincar. Podeis crer, Senhora, que logo colhi esta mui preciosa circunstância, esperando tirar dela a consequência natural de que, na infância, o gosto pelos Gatos pode ser visto como presságio de um mérito superior. Temos, aliás, provas de que este mesmo gosto subsiste ainda quando a razão sobrevém, não sendo de todo incompatível com as ocupações mais sérias. Note-se que era para Montaigne uma verdadeira recreação estudar as ações do seu Gato; e ninguém ignora que um dos maiores Ministros que a França jamais conheceu[32] tinha sempre alguns Gatinhos brincalhões naquele mesmo gabinete de onde saíram numerosos estatutos úteis e honrosos para a Nação. Mas tornemos ao que tenho para vos contar sobre o Sr. de Fontenelle. Entre outras brincadeiras, imaginou ele, então, que tinha de recitar um discurso que acabava de compor, mas como não tinha a atenção das outras crianças que deviam ouvi-lo, sem querer ficar sem audiência, pegou no Gato, e sentando-o numa poltrona promoveu-o a espectador; o Gato, logo esquecendo ser o único membro da assistência, levanta-se, chega à porta, e lá vai o orador a correr atrás da sua audiência de escada em escada, declamando sempre com entusiasmo, até ao momento em que o Gato alcança os algerozes, e ele o perde completamente de vista.

Muito me desgosta que não tenha posto em verso o sucedido. Que título não teriam os Gatos, se se achassem entre o Soneto de Dafne e *Os Mundos*!

A nossa história seria mais alargada do que a dos sete Sábios da Grécia se reportássemos todas as Obras dos Poetas famosos em honra dos Gatos; mas só fiz uso destas variadas Poesias no decurso destas Cartas na medida em que elas servem de autoridade ou esclarecimento para algumas circunstâncias essenciais à glória dos nossos Heróis; porém, tratei de juntar, ainda assim, todas aquelas Obras. Tão curiosa coleção só pode agradar a quem gosta de ir ao fundo das matérias, e apresenta aos amadores de Gatos, num único quadro, todos os diferentes pontos de vista, demasiado dispersos, de que se ocupam com tanto prazer.

Os Gatos têm ainda, entre nós, títulos de uma outra espécie. Paris encerra um edifício que, pela sua simplicidade e elegância, faz as honras da Arquitetura: é a tumba do Gato da Senhora de Lesdiguières. O Epitáfio que nela se vê gravado prova bem que o Gato fazia todo o encanto da vida de sua dona, que o amava, dizia-se, loucamente: traço próprio das grandes afeições.

Tenho a honra de ser, etc.

[P. S.]

Reabro esta carta, Senhora, para vos dar conta de como partilho da vossa dor pela morte de Marlamain, que não podeis ignorar. Acabam de ma comunicar sem rodeios; imaginai a minha situação. Será que vos contaram todas as circunstâncias desta triste aventura? Cerca de meia hora antes de expirar, percebeu-se pela sua inquietação que queria ser levado para o apartamento da ilustre Dona. Mal se achou junto dela, reuniu o que lhe restava de força para se despedir muito ternamente; alguns momentos depois, dando a entender que queria ser levado dali, sem dúvida para poupar os circunstantes ao espetáculo da sua

morte, depuseram-no nos seus aposentos, onde
expirou. O seu último suspiro foi um daqueles
miados ternos e suaves que costumava dar quando
o honravam com as carícias que o tornaram tão
ilustre. Acabo de intentar uma elaboração do seu
Epitáfio, que partilho com vossa mercê; mas não
queirais lê-lo, se conheceis aquele outro de que o
Sr. de la Mothe é autor: este último mostrou-me
o pouco valor que tem o meu.

EPITÁFIO DE MARLAMAIN

Bichano, sejas quem fores, sossega agora,
De tua garra é a força de Átropos servida;
    Aprende quão duro é o rigor da hora
Em que se impõe abandonar a doce vida.
Ai!, como vi passar dias tão delicados,
Ó Gatos do Egito, augustos antepassados!
Vós que, num altar, em grinaldas de flores,
Éreis o amor das almas, de todos amados;
Muito honrados fostes de Hinos e penhores;
Mas nenhuns desses respeitos vãos foram meus;
Amou-me Ludovise, maior e mais bela;
    Viver só como Gato dela,
    É mais do que ser, como vós, Deus.

[EPITAPHE LE MARLAMAIN

Minon, quel que tu sois, arrête ici tes pas,
Au pouvoir d'Atropos ta griffe est asservie ;
    Apprend quelle est la rigueur du trépas.
Lorsqu'il faut s'arracher à la plus douce vie.
Hélas ! j'ai vu passer des jours délicieux.
O Chats Egyptiens, mes augustes aïeux !
Vous qui, sur un autel, entourés de guirlandes,
Étiez l'amour des cœurs & le charme des yeux,
On vous a prodigué des Hymnes, des offrandes ;
De tous ces vains respects je ne fus point jaloux ;
Ludovise m'aima, votre gloire est moins belle ;
    Vivre simple Ghal auprès d'elle,
    Vaut mieux qu'être Dieux comme vous.]

OITAVA CARTA

Regozijareis, Senhora, quando virdes o nome dos Gatos escrito em hebraico. Eis os caracteres: חתול. Leia-se *Chatoul*. É aqui, segundo o Sr. Ménage, que começa a genealogia dos diferentes nomes que os Gatos receberam sucessivamente nas diversas nações. De *Chatoul* os Gregos fizeram *Katis*; e este *Catis* tornou-se primeiro, entre os Latinos, *Cautus*, que quer dizer prudente e avisado, e de que, nesta qualidade, se achou por bem formar *Catus*, de que tirámos o nome Gato. Eis então, Senhora, nomes de sobra para os nossos amigos, nomes tanto mais apropriados quanto demonstram, pela etimologia, algumas qualidades do amável animal a que foram aplicados; e é com desgosto que se vê que, em vez de irmos ao fundo de fontes tão fecundas, damos aos Gatos, em quase todas as casas, apelidos ao acaso, e que não transmitem nenhuma ideia razoável; os maiores homens, entre os modernos, caíram neste erro. O Sr. de la Fontaine, em cem passos das suas Fábulas, parece atribuir aos Gatos denominações ridículas, mesmo nos passos em que faz o seu elogio. Porque não imitar, nesta matéria, o divino Homero? Quando ele fala dos Gatos, fá-lo sempre com o respeito e o decoro que é natural observar para com eles. Basta ler o seu Poema da *Batracomiomaquia*, quando retrata o talento dos Gatos para capturar os Ratos. Psicarpax, Príncipe dos Ratos, fala assim a Physígnato, Rei das Rãs:

> O Gato de unha afiada, confesso, Senhor,
> Em meu desvairado espírito imprime o horror;
> Temo, é certo, a armadilha de dente implacável,
> Mas cem vezes mais temo uma pata indomável,
> Que mesmo nos telhados (ó pérfida sorte)
> Se vem esconder, à espera de me dar a morte;
> Minha valia em vão se opõe a tanta fúria,
> Para quê coragem, contra a garra da injúria?

> [Le Chat aux doigts tranchans, je l'avouerai, Seigneur,
> Dans mes sens éperdus imprime la terreur ;
> Des pièges, il est vrai, l'amorce est redoutable,
> Mais je crains cent fois plus une patte implacable,
> Qui jusques sous nos toits (oh perfide transport !)
> Vient se cacher, m'atteindre, & me donner la mort ;
> Ma valeur vainement s'oppose à tant de rage,
> Contre une griffe, hélas ! à quoi sert le courage ?]

Sempre foi nas ações dos Heróis que encontrámos os sobrenomes mais apropriados. Procure-se nos Naturalistas os atributos dos Gatos, e mil epítetos honrosos ficarão a descoberto. É certo que se pode, por vezes, encarar os Gatos pela face menos favorável. *Quando examinamos aquela agilidade, e aquele silêncio com que deslizam pelos recantos onde podem caçar pássaros*[33], uma tal destreza não há de agradar a quem gosta mais dos Pássaros do que dos Gatos. Chamar-lhe-ão injustiça, atentado, tirania; no entanto, a acusação de que comem alguns pássaros deve ser feita com comedimento, quando observamos que os Gatos são inimigos natos de muitos outros animais nocivos, e pelos quais sentimos uma grande antipatia. São eles que eliminam os Lagartos e as Cobras. Tive a sorte de recolher sobre o assunto alguns versos que creio terem sido traduzidos do árabe. É um Idílio intitulado *Os Gatos*. A pessoa em cujas mãos caíra, habituada a ver somente os Pássaros, Cabras e Ovelhas neste tipo de Obras, ficou muito surpreendida ao ver os Gatos tornarem-se tema pastoral. Os versos, quando ela mos comunicou, despertaram desde logo em mim a lembrança daqueles Gatos da ilha de Chipre, que já citei na minha quarta Carta, que passavam uma parte do dia à caça de Cobras pelos campos, e se reuniam à hora marcada no Mosteiro que habitavam. Pensei, como vos parecerá simples que o Monge a quem fora confiada a função de fazer ressoar o sino para a ceia dos Gatos, e que os conduzia pelos prados, se ocupava deles como fazem naturalmente os pastores aos seus Carneiros. A franqueza daquela vida feliz inspirara-lhe, sem dúvida, o gosto pela Poesia; e, não havendo Pastora para celebrar, cantara pelo menos o seu rebanho. Creio, Senhora, que as minhas conjeturas vos parecerão sensatas, quando tiverdes lido esta Obra — ei-la:

OS GATOS
IDÍLIO

Basta já, Gatos bons, suspendei vosso zelo,
Trepai, trepai, pela ramada acima;
Gozai da doce paz, durante o ardor do clima:
Doce paz deste Ilhéu, que tornais belo.
As ervas esmaltadas das mais vivas cores,
Bosquedos sempre verdes, onda serpenteante,
Ninguém esperaria nada apavorante:
Mas mil Serpentes se escondiam sob as flores.
    Foi vossa garra tutelar
Que trouxe enfim ao cabo tão grande perigo.
Celebremos, pois, essa garra salutar;
Somente aos Gatos devemos o nosso abrigo.

O Deus do amor vos deverá as vitórias
Que o vão eternizar em todas as florestas;
O eco repetirá cem vezes as memórias
Desse triunfo em nossas festas.
Delícia dos peitos, ó bela Citereia!
Livres somos de vos seguir eternamente;
Nesta Ilha cuja fama e glória vos alteia
Inspiram os Gatos ócio, e um amor fremente.
Ternos Bichos, é em vossos exemplos
Que pode a Fidelidade erigir seus templos.
Que modelos para nós são,
Quando o ardor de sua beleza
Nos traz o fogo ao coração!
Não vos vangloriais no orgulho de vossa alteza,
Que o prazer só de amar vos dá satisfação:
Pois venham cá Pastores para aprender
A sentir estranhos e novos arrebatos.
Ah! quando o mais terno amor para si nos quer,
Não há amor como o dos Gatos.

[LES CHATS
IDYLLE

C'en est assez, beaux Chats, suspendez votre zèle,
Grimpez, grimpez, sur ces rameaux épais ;
Pendant l'ardeur du jour goûtez la douce paix
Que vous rendez à cette Ile si belle.

Ces gazons émaillés des plus vives couleurs,
Ces bosquets toujours verts, cette onde qui serpente,
Le croiroit-on, hélas! inspiroient l'épouvante;
Mille & mille Serpens s'y cachoient sous les fleurs.
   C'est votre griffe tutélaire,
Qui de tant de périls termine enfin le cours.
Que tout célèbre ici cette griffe si chère ;
Non, non, ce n'est qu'aux Chats que l'on doitles
         beaux jours.
  Le Dieu des cœurs vous devra les conquêtes,
Qui vont éterniser sa gloire dans nos bois ;
Quel triomphe pour vous chaque jour dans nos fêtes :
   L'écho répétera cent fois,
O délice des cœurs, ô belle Cythérée,
Rien ne nous contraint plus ; nous vous suivrons
         toujours ;
Dans cette Ile où jadis vous fûtes adorée.
Des Chats ont ramené les jeux & les amours.
Tendres Minons, c'est par vos seuls exemples,
Que la Fidélité peut relever ses temples.
   Quels modèles pour notre cœur,
   Quand la beauté qui vous est chère,
   De vos feux partage l'ardeur !
Vous n'êtes point flattés du vain orgueil de plaire,
Le seul plaisir d'aimer fait tout votre bonheur:
   Que les Bergers ici viennent apprendre,
A ressentir des feux qu'ils ne connoissent pas ;

Ah ! quand on veut brûler de l'amour le plus tendre,
Il faut aimer comme les Chats.]

Não vos parece, Senhora, que este novo detalhe da Pastorela tem alguma coisa de mais vasto e mais estimulante (sem no entanto sair da sua simplicidade campestre) do que o género pastoral que trataram os Antigos? É uma lástima que Teócrito não tenha tido semelhante ideia. Não se pode gabar, quando se trata de Carneiros, mais do que a brancura da sua lã, os saltos que dão na subida de um outeiro, ou o balido de uma Ovelha que chama pelo Cordeirinho. Nada há, aqui, que interesse ao coração. Se queremos comover o leitor com imagens do amor, é preciso fazê-lo perder o rebanho de vista para o ocuparmos somente com o Pastor e a Pastora; mas numa pastorela de Gatos é no próprio rebanho que vamos encontrar todo o assunto para uma Écloga interessante.

A Senhora Deshouillères, que sabia tão bem apropriar-se das imagens e ideias próprias da Poesia, não escreveu com grande detalhe os amores de Grisette? Não temos nós ainda dela um Poema trágico e lírico sobre a morte de um dos Amantes daquele formosa Gata? Ocorreu-me, como podeis crer, Senhora, mandar verter este Poema em música; mas a Obra era demasiado importante, a ponto de me dificultar a escolha do Músico. São os Gatos que constituem toda a ação. Consultei os nossos mestres de música mais delicados; declararam-me que o canto dos Gatos podia ser reproduzido por muitos dos nossos Músicos modernos, garantindo que fariam escutar o dito Poema em todo o seu esplendor. Por outro lado, uns especialistas Italianos, de muito boa-fé, provaram-me que a sua música devia, por razões diversas, ter a preferência na matéria, e particularmente na forma de recitativo. Esta última razão deveria imperar sobre todas: mas como esta Ópera não é daquelas cuja representação e sucesso se devam confinar a uma só Nação, sendo antes destinada a toda a Europa, espero que os dois partidos cheguem a um acordo para me determinar. Conheço muitas pessoas de mérito que estão numa grande impaciência para ver esta questão decidida, e que decerto nunca verão outra Ópera nova senão esta. Imaginai, Senhora, como será brilhante e diverso o bailado, uma vez executado por Gatos. Estes novos Bailarinos, pela sua ligeireza extraordinária, caracterizarão o maravilhoso da Ópera, muito melhor, sem comparação, do que os voos, os carros e os alçapões que deixam sempre ver os seus mecanismos.

    Tenho a honra de ser, etc.

NONA CARTA

Se alguma vez, Senhora, se ordenasse que determinássemos a opinião numa só espécie de Gatos, os pretos teriam sem dificuldade a preferência. Os Gatos pretos são aqueles de que a natureza se mostrou sempre mais avarenta; parece que ela no-los decide mostrar somente de quando em quando, para provar que detém o segredo de os fazer. De toda a evidência, as Gatas que se presumem mais belas são desta cor, ou fazem, pelo menos, por ser. Reparei que estas são perseguidas por toda a sorte de Gatos. Têm nos olhos, ao que parece, aquele atrativo que é comum às Morenas de todas as espécies, e poderiam muito bem honrar estes versos do Sr. de Fontenelle, em que as Morenas são amplamente lisonjeadas:

    Moreninha foi a fêmea gentil
    Que encantou os olhos de Salomão,

E tresvariou sua mente varonil
Onde estava a sageza por timão.
Quem diz Moreninha dirá subtil
E esperta, ao menos, qual tinhoso cão.
E, se vos apraz, aquela facécia
Que ensandeceu os mais Sábios da Grécia,
(Caídos que nem tordos se quedavam)
De quem credes que fosse, senão delas,
Que com seus olhos negros, faces belas,
Em Grego, gentilezas suspiravam?
Hoje, outra espécie há que me atormente,
A mim, Filósofo, ou só Entendido,
Que em honra podia estar garantido,
Ou no tédio de uma alma indiferente?
Pois vós, Senhores, que haveis grão cuidado
Dos tristes dons da austera sapiência,
Quando virdes vir Morenas de um lado,
Ide para o outro, de cenho resguardado:
Elas são os escolhos no mar da existência.

[Brunette fut la gentille femelle
Qui charma tant les yeux de Salomon,
Et renversa cette forte cervelle,
Où la sagesse avoit pris le timon.
Qui dit Brunette, il dit spirituelle,
Et vive au moins comme un petit démon.
Et, s'il vous plaît, tous ces jolis visages.

Qui de la Grèce affolèrent les Sages,
Qui, comme oisons les menoient parle bec,
Qui croyez-vous que ce fussent ? Brunettes
Aux beaux yeux noirs, & qui dans leurs goguettes,
Disoient, Dieu sait, gentillesses en Grec ;
Autre Brunette aujourd'hui me tourmente,
Moi Philosophe, ou du moins Raisonneur,
Et qui pouvoit acquérir tout l'honneur
Et tout l'ennui d'une ame indifférente.
Or, vous, Messieurs, qui faites vanité
Des tristes dons de l'austère sagesse,
Quand vous verrez Brunettes d'un côté,
Allez de l'autre en toute humilité ;
Brunettes sont recueil de votre espèce.]

É verdade que a cor preta prejudica muito os Gatos aos olhos dos mais vulgares; ela faz ressair ainda mais o brilho dos olhos; é o bastante para crer que sejam, pelo menos, feiticeiros; porém, em recompensa, este mesmo atributo, aliado às suas ágeis maneiras de agir, é para as pessoas de bom senso uma imagem ingénua daqueles povos vindos de África, cuja tez amorenada lhes dá acima de tudo um ar selvagem, e que, no entanto, desde que foram mestres das Espanhas, parecem não ter feito tal conquista senão para ali instaurar a polidez e a galanteria.

A Excelentíssima Senhora de la Sablière oferece-nos, a respeito desta matéria, um exemplo muito admirável. Diz que passara parte da vida rodeada de grande número de Cães. Um belo dia, os seus amigos muito se pasmaram ao saber que todos eles se exilaram, e ao ver no seu lugar um grupo de gatos menos triunfantes. Perguntaram-lhe qual era a causa de tamanha revolução; ela confessou que tendo aprendido por experiência que uma pessoa se afeiçoa com grande paixão aos Cães, o que lhe parecia muito desarrazoado, havia determinado ter de ora em diante somente animais cujo comércio não vai mais longe do que o desejável. Que grande guia é a prudência humana! Foram os Gatos, e os pretos, que ela escolheu. Foi certo o sucesso que teve em romper a sua primeira afeição, mas só o fez ao preço de cair numa nova cem vezes mais terna e duradoura. Rodeada de Gatos, e ocupada sem interrupção com eles, cada vez mais abandonada a um encantamento que não previra: diversões, paixões, tudo se lhe tornou subordinado: nunca mais quis admitir na sua intimidade senão eles, mais o Sr. de la Fontaine; e esta ligação durou até à sua morte.

Entre estes Gatos raros, este século produziu um em que encontramos, com admirável grau de semelhança, o mesmo comércio de sedução dos Zegris e Abencerragens. Como eles, tem um especial gosto por festas. Apreciador de passeios, e, ao mesmo tempo, inimigo daquela tristeza que o Inverno derrama pela natureza, escolheu uma galeria onde goza de uma eterna Primavera: é um laranjal. Vemo-lo respirar os perfumes e errar por entre as ramas e as flores. Ajuizareis bem, Senhora, que o teatro dos seus amores não pode ser outro senão:

> A abóbada que amor fez de raiz
> Para amansar uma alma brava.[34]

> [Sous ce berceau qu'amour a fait exprès.
> Pour attendrir une inhumaine.]

Por ali conduz uma Gata tricolor, que traz uma máscara negra como a sua, e que ele ama com toda a galanteria e fidelidade dos velhos tempos que gabamos sempre. Esta constância aumenta-o em glória. Encantador como é, com a arte que tem para atrair as maiores Beldades a um lugar delicioso, onde paira sempre uma luz escura, bastar-lhe-ia imaginar conquistas para logo as ver realizadas.

> Quanta Gata tão moderada
> Se armaria de rigores, na noite ateada

Só pela chama dos amores!
Clèves, sucumbindo a Nemours[35], de madrugada,
Cedeu sob a abóbada de mil esplendores.

[Quelles Chattes si modérées,
S'armeroient de rigueur dans ces nuits éclairées,
Par le seul flambeau des amours !
C'étoit sous un berceau, dans ces belles soirées.
Que Clèves, malgré soi, s'occupoit de Nemours.]

Ainda só mostrei as mais parcas provas do mérito deste Gato espantoso. Uma Princesa a quem os fados concederam um dom mais precioso do que o charme do espírito, que tem de um quilate superior; esta Princesa, digo, acarinha-o e brinca com ele. Anacreonte, só por este preço, não teria julgado, com justeza, os seus talentos bastamente recompensados?

Tenho a honra de ser, etc.

DÉCIMA CARTA

Ainda não fizemos, Senhora, mais do que um bosquejo da amorosa forma dos nossos Gatos; mas esta é das que mais honram a natureza. Os Gatos juntam à compleição sólida dos Quadrúpedes um acerto e uma destreza que foram dados a um número restrito de espécies. Cobertos de uma pelagem aveludada, onde a natureza se empenhou em jogar com as cores, nascem já armados contra a intempérie das estações.

É uma mecânica muito curiosa, a arte de que se servem os Gatos para disporem esta pelagem, a fim de receberem ou evitarem, conforme desejem, as impressões do ar; a descoberta afortunada que fiz é fruto de um grande número de observações.

Quando prevalece um ar de que queiram defender-se, reparei que os Gatos ficam com o pelo deitado exatamente sobre a pele: o que dá a entender que aquela tessitura se torna então uma barreira em cuja superfície deslizam as partículas do frio ou do calor; ao passo que quando a estação é conveniente ao seu temperamento, ou açula a sensação, se abrem, por assim dizer, às influências; dilatam o pelo, eriçam-no, o que dá livre passagem ao ar que consentem tocar-lhes. Estas precauções são, sem dúvida, consequência do conhecimento que têm das convulsões do Céu. Aquela pata que, pelos contornos que traça no seu rosto, é um presságio de chuva ou de bom tempo, coisa que até as pessoas menos esclarecidas já notaram, supre os instrumentos da matemática; assim, os Gatos podem ser vistos como Barómetros vivos.

Mas suponhamos que estas relações dos Gatos com os Astros sejam imaginárias, e olhemos somente para os traços que lhes são incontestáveis: os seus olhos, por exemplo, foram durante muito tempo objeto de ambição das mulheres formosas; não se lhes podia fazer maior elogio do que considerar os seus olhos garços, quer dizer, irizados como os dos Gatos, ou verdes, como se vê que os têm comummente. O Sr. de la Fontaine, na Fábula das Filhas de Mínias, depois de descrever a disputa entre Neptuno e Minerva a respeito da Cidade de Atenas, para caracterizar condignamente a Deusa representa-a com aqueles olhos que são comuns aos Gatos.

Obteve ela o prémio, e deu nome à Cidade;
Atenas devotou-se à sua Divindade;
A fim de a premiar, escolheram cem donzelas,
Todas sabiam bordar, mui sábias e belas:
Umas traziam dons abundantes e esparsos,
As outras rodeavam a Deusa de olhos garços.

[Elle emporta le prix & nomma la Cité ;
Athènes offrit ses vœux à cette Déïté ;
Pour les lui présenter, ont choisit cent pucelles,
Toutes sachant broder, aussi sages que belles.
Les premières portoient force présens divers,
Tout le reste entouroit la Déesse aux yeux pers.]

Marot, para traçar de um só rasgo o retrato de Vénus, disse:

No primeiro dia, Vénus de olhos verdes...

[Le premier jour que Vénus aux yeux verts.]

O Senhor de Coucy, tão celebrado pelos seus amores, confessa nas suas Poesias, que são do tempo de Filipe-Augusto, que foi esse o charme que o venceu. Aqueles belos olhos, que pertenciam a uma Senhora de Fayel[36], causaram, como se sabe, a aventura mais trágica do mundo. Os olhos verdes só inspiram grandes paixões; e a natureza, que os sonegou no nosso século às belas damas, prodigou-os à espécie dos Gatos.

Conhecendo estes animais pelas muitas qualidades de que são dotados, não seria de crer que gozassem de uma longa vida? No entanto, enquanto um aborrecido Corvo vive, segundo a opinião dos Antigos, espaço de seis ou sete séculos, um Gato mal dura dois ou três lustros. Como é que a Natureza pode conservar tão pouco tempo coisa que parece ter feito com tanto prazer? Nos diferentes climas por onde os distribuiu, apenas os variou na forma para multiplicar os seus encantos; já foi observado que os da Europa se parecem exatamente com o Leão em muitos dos seus traços. Os Gatos Sírios, maiores do que os nossos, são muito curiosamente variegados; e como os seus olhos não estão ambos na mesma posição, e a boca pende para o lado da orelha, os ignaros viajantes que só conhecem a regularidade nas proporções comuns reportaram que tinham a boca e os olhos de través, e concluíram, por isso, que eram monstruosos. Mas uma vez filosoficamente examinados, entende-se que a sua fisionomia é deveras afortunada e agradável. Os Gatos do Malabar habitam ordinariamente o cimo das árvores; estão acostumados ao voo; e o mais surpreendente é que voam sem asas.

Mas acima de todas as espécies de Gatos estrangeiras estão os da Pérsia, há que o reconhecer, que a todos superam em beleza. Um famoso Viajante[37], em 1521, enriqueceu a Itália com esta nova raça, presente que conservou com tanto cuidado e zelo que só um século mais tarde foram estes belos Gatos transportados para França. Devemos ao célebre Sr. Ménard o favor que nos fez, por ter trazido de Roma uma Gata, sobre a morte da qual fez um Soneto deveras digno de ilustrar a sua Musa, como aconteceu.

SONETO

É uma lástima que esta Gata
Ao outro mundo seja ida;
Ameaçando com sua pata
A muitos Ratos deu corrida;

Foi ela Matrona Romana,
E de nobres antepassados;
Trouxe-a meu Lacaio bichana,
Do Templo dos Deuses sagrados;

Terei seu pelo em minha mente
(Era alvo e negro), eternamente,
Que a fez de todos admirada;

Só a Cloton é que a malquis:
Pelos Ratos solicitada,
Agradar-lhes antes quis.

[SONNET

C'est grand dommage que ma Chatte,
Aille au pays des trépassés ;
Pour se garantir de sa patte,
Jamais Rat ne courut assez ;

Elle fut Matrone Romaine,
Et fille de nobles ayeux ;
Mon Laquais la prit sans mitaine,
Près du Temple de tous les Dieux ;

J'aurai toujours dans la mémoire
Cette peluche blanche & noire,
Qui la fil admirer de tous ;

Dame Gloton l'a maltraitée,
Pour plaire aux Souris de chez nous.
Qui l'en avoient sollicitée.]

Não é de admirar que o Sr. Ménard tenha lastimado com tamanha ternura a sua Gata; ela fazia sem dúvida as delícias da sua solidão, e o sustento da sua filosofia, quando compôs estes versos que caracterizam tão bem os seus costumes e entendimento:

> Canso de esperar e me queixar
> Do amor, dos Grandes e da sorte,
> Aqui fico, esperando a morte
> Sem a temer nem a desejar.

> [Las d'espérer & de me plaindre
> De l'amour, des Grands, & du sort,
> C'est ici que j'attends la mort,
> Sans la désirer ni la craindre.]

Mas quantas vantagens não foram ocasionadas pelos Gatos? Uma das mais célebres casas de Inglaterra deve-lhes a riqueza e o brio. Richard Whittington, na sua tenra juventude, desprovido de todos os bens da fortuna, mas nascido com excelentes inclinações, foi para a Índia em busca de um destino mais feliz. Apresentando-se como passageiro para embarcar, perguntaram-lhe com que sustento contava viver durante o trajeto, e ele respondeu que tinha como única riqueza um Gato, e o desejo de se distinguir. Ficaram comovidos com esta franqueza nobre com a qual expôs a sua situação. Receberam-nos, a ele e ao Gato, e içaram as velas.

Uma vez nos mares da Índia, foram surpreendidos por uma tempestade que os fez dar a uma costa onde os naturais da terra logo se senhorearam da nau e da sua tripulação. O jovem Inglês, carregando o seu tesouro nos braços, foi conduzido como os outros à presença do Rei daquele povo, e enquanto estavam em audiência repararam numa imensa quantidade de Ratos e Ratazanas que percorriam o Palácio e que se amontoavam até ao trono do Monarca, que parecia muito enfadado. Whittington reconheceu a voz da fortuna, que o chamava. Não fez mais do que soltar o Gato, e eis uma multitude de Ratos e Ratazanas estrangulados, e os demais em fuga. O Rei, encantado pela esperança de se ver então livre do flagelo que desolava os seus Estados, deixou-se levar num transporte de comoção, e nem sabia quão vivamente exprimir o seu reconhecimento. Ora abraçava aquele Gato libertador, ora o jovem Inglês; e para conceder a um e ao outro as dignas marcas do seu reconhecimento, declarou Whittington seu favorito, e deu ao maravilhoso Gato o título de Supremo General do seu Exército, sendo que até então não tivera outro inimigo a combater além daquela imensidão de Ratos e Ratazanas que o acossavam sem dar tréguas.

Whittington, apoiado pela consideração que lhe conferia o Gato, seu êmulo, superou todas as cabalas da Corte. Governou durante vários anos aquele Império; vencido, enfim, pelo amor à pátria, obteve a liberdade de se tornar a ela. O Monarca, em troca do General Gato que ele lhe deixava, deu-lhe uma nau aviada de riquezas. Mal o jovem Inglês chegou a Inglaterra, foi promovido à dignidade de Presidente da Câmara de Londres. Neste novo cargo, para dar mostra pública do reconhecimento que devia aos Gatos, tomou para si o nome deles: foi apelidado de *Mylord Cat*. Os seus descendentes sucederam-lhe nas honras de tal denominação; as suas imagens estão ainda espalhadas por várias partes de Londres: vemo-lo pomposamente representado em insígnias, trazendo triunfalmente sobre o ombro o Gato a quem ficou a dever toda a fortuna e glória.

O Sr. Bayle, por ensejo do reconhecimento que devemos aos Animais pelos serviços que nos prestam, recorda o testamento de uma certa Menina Dupuy, testemunho bastante sensível das obrigações que ela acreditava dever ao Gato. A Menina Dupuy tinha o talento de tocar harpa a um nível surpreendente, e era ao gato que devia a excelência que alcançara. Ele escutava-a atentamente sempre que praticava na sua harpa, e ela notara nele certos graus de interesse e comoção, conforme a maior ou menor precisão e harmonia do que tocava.

Com este estudo formara um gosto que lhe granjeara uma reputação universal. Ao morrer, quis dar ao Gato uma marca adequada do seu reconhecimento, fazendo um testamento em seu favor; legou-lhe uma habitação muito agradável na cidade, e outra no campo: ao que acrescentou uma renda mais do que suficiente para satisfazer as suas necessidades e gostos; e a fim de que este bem-estar lhe fosse provido devidamente, legou ao mesmo tempo a várias pessoas de mérito pensões consideráveis, na condição de que zelassem pela herança do seu amável legatário e que fossem um certo número de vezes por semana fazer-lhe companhia. Este testamento foi atacado. Os mais furiosos Advogados dividiram-se e escreveram sobre ele. Foi em vão que investiguei até agora para encontrar os factos mais exatos sobre esta importante matéria. Todos os dias se perdem assim Obras tão curiosas quanto interessantes, de que muito injustamente se priva o público.

Tenho a honra de ser etc.

DÉCIMA PRIMEIRA CARTA

Os Gatos considerados tais como são hoje

As nossas Cartas precedentes, Senhora, desvelaram as propriedades dos Gatos de uma maneira que, creio bem, parecerá satisfatória àqueles que, como nós, reconhecem o seu mérito. Mas credes que causará impressão nas pessoas que mais se avisam contra eles? Temos muitos tipos de adversários a combater. Há espíritos severos que afetam o pirronismo nesta história, e que nos negarão, sem pudor algum, os factos que avançámos dando conta da sua respeitável antiguidade. Outros, escravos dos preconceitos da infância, habituados a não ter consideração pelos Gatos, aprenderão, sem se sentirem tocados, toda a sua glória passada. Só há um partido a tomar, Senhora: é o de examinar a espécie dos Gatos tal como ela é hoje, isolada e considerada em si mesma. Muitas luzes me destes a este respeito; é agora tempo de lhes dar uso. Transportemo-nos, primeiro, a uma região superior à dos animais terrestres; é aqui que vamos encontrar os Gatos num repouso e numa abundância que não obtêm dos homens. Não poderemos, então, reconhecer que é por pura cortesia que os Gatos concedem ter comércio connosco? Livres na escolha da sua pousada, habitam, conforme a sua ambição ou filosofia, os pórticos do Monarca, ou o simples telhado do Cidadão. Não pagam o preço de uma complacência, nem do cuidado de agradar, para obterem acesso a estes lugares, pois a sua ligeireza e desenvoltura abrem, por assim dizer, um caminho por entre os ares: é, pois, à superfície das Cidades que os Gatos povoam uma Cidade particular; é aqui que eles formam uma espécie de República que se sustenta e floresce pelas suas próprias forças. As cumeeiras das casas enchem-se somente de animais que parecem ser feitos e reproduzirem-se para a sua própria subsistência; assim, sem ajuda humana, não há Gato que, uma vez deduzido o tempo que dedica à sua preguiça ou aos amores, não encontre em abundância tudo o que constitui a sua felicidade. E com quanta economia usufruem eles do seu bem-estar? Enobrecem as necessidades da vida, acompanhando-as, por fora, com a liberdade e o prazer; começam por fazer um espetáculo do Rato, que se tornará sua presa: não é mais do que o progresso da necessidade que os determina, por fim, a sacrificá-lo. Os Gatos trazem na agilidade e nas garras, se posso exprimir-me deste modo, a sua fortuna e Pátria.

É do seio desta tão afortunada independência que descem às nossas habitações. Ah!, e sob que auspícios, ainda assim? Com quanta graça nos aparecem eles? A mais ternurenta jovialidade, as atitudes finas e variadas, cuja imitação fez outrora a glória das mais célebres pantomimas: eis os talentos com que nascem, e que trazem até nós; pois também não são donos que cá vêm buscar. Nascidos numa condição afortunada, sempre livres de permanecerem nela, nada os conduz à servidão. É somente a ternura que sentem pelos homens, conveniências, relações de humor, que nos fazem felizes o suficiente para os possuirmos; cem vezes mais estimáveis, a este respeito, do que a espécie canina, que muita gente, no entanto, não tem vergonha de considerar superior. Os Cães só se afeiçoam a nós porque sem o nosso sustento morreriam. Veja-se bem: humilhados pela baixeza da sua condição, não há afronta nem mau procedimento que não sofram. Quanta diferença! No Cão mais perfeito, não há mais do que um escravo fiel, no Gato temos um amigo que nos diverte, e cuja afeição é apenas voluntária, sendo cada um dos momentos que nos dá um sacrifício daquela liberdade e desenvoltura que não limitam nem a sua morada nem as suas inclinações.

Mas é ainda preciso encará-los pelas suas qualidades muito superiores. Por pouco que se faça a análise dos seus sentimentos, se posso exprimir-me deste modo, quanta elevação, ainda assim, descortinamos neles? Nada os espanta, nada se lhes impõe. Tudo o que se agita torna-se para eles objeto de brincadeira. Eles acreditam que a natureza se ocupa somente da sua diversão. Não imaginam outra causa para o movimento; e, quando, com as nossas provocações, excitamos as suas posturas galhofeiras, não parece que percebem em nós somente pantomimas, cujas ações são outras tantas bandarrices? Assim, de um lado e do outro, fazemos comédia e proporcionamos diversão, enquanto pensamos ser nós quem é entretido.

Esta alegria, tão natural aos Gatos, faz-me recordar o que se lê dos Reis do Turquestão, que só se apresentavam diante dos súbditos e dos inimigos dando mostras de um contentamento que sai do fundo da alma, e que, vendo este bem como o mais alto de todos, tomavam por excelência o título de Príncipe que nunca se entristece.

Quando um Gato se cansa do tumulto das Cidades, os campos brindam-no com uma nova pátria, onde a natureza parece ter provido todas as suas necessidades. Ah!, que não fez ela por ele, a natureza? Haverá animal mais afortunadamente constituído? Jamais percebemos alterações na sua saúde; isento de toda a inquietação, nunca o vemos embaraçar-se com as preocupações do amanhã. Quanta vantagem sobre os outros animais! A Prevenção, por mais estima que nos pareça dever-lhe, não deixa de ser filha do Receio; é uma daquelas virtudes que supõem a miséria como principal estado de quem a possui. Um Cão, rodeado de tudo o que a sua voracidade lhe torna de mais precioso, não goza desta quietude que constitui a verdadeira felicidade; no próprio instante da satisfação, sente a sua indigência avizinhar-se; vai esconder com desconfiança uma parte da sua riqueza. O Gato, mestre da sua situação, degusta no seio da abundância o puro prazer da tranquilidade; a sua retidão e sobriedade são-lhe garantias sempre certas de um agradável porvir.

Não teríamos como recriminá-los, como fazemos com justeza aos Cães, de que o seu comércio connosco nos custe cuidados e constrangimentos; Filósofos na escolha da sua pousada, não há lugar de uma casa que não lhes pareça um agradável retiro. A hora das refeições é-lhes indiferente; nos intervalos, não receamos que, sujeitos à sede, a míngua seja causa de se tornarem o medo e a destruição da família que os criou nos braços; não lhe dão sequer o mínimo inconveniente. É por um doce murmúrio, e que parece não ser mais do que uma provocação de amizade, que se fazem entender; gerem assim, com tanta arte como prudência, aquela voz à qual dão um timbre tão vibrante, quando se acham naquela região onde os homens não se atrevem a ir incomodá-los; podemos, por fim, ocupar-nos deles somente pelo prazer que nos dão. Os Cães, felizes apenas porque nos são escravos, vendem-nos contudo a sua servidão e a inutilidade a que se prestam nas Cidades; multiplicam os nossos cuidados domésticos. Os Gatos, possessores de um bem-estar que nada espera de nós, purgam as nossas casas dos animais que as destroem; proporcionam-nos a graça do seu comércio. Quando os recebemos na intimidade da família, não querem desempenhar o papel de animal; não exigem as considerações que os homens só devem aos homens, e poupam-nos a vergonha de inscrever no rol das nossas ocupações o cuidado de satisfazer as suas necessidades e caprichos.

Se fossem suscetíveis de amor-próprio, em que outros animais seria isso mais perdoável? A julgar pela distribuição e harmonia que há em todos os seus membros, não parece que a natureza tenha dado uma atenção particular à sua construção?

Ela concedeu-lhes uma vantagem que lhes garante sempre sucesso entre os homens: foi a de ter aquilo a que chamamos uma fisionomia. O conjunto dos seus traços, que tem um carácter de fineza e hilaridade, e particularmente nos bigodes, é um dom que só podem ter recebido a título de mercê. O brilhante dos olhos, em tanta estima ainda hoje entre os homens, é seguramente exclusivo da espécie dos Gatos. Os nossos olhos não têm outra faculdade senão fazer-nos percecionar os objetos por meio da luz, e tornam-se-nos perfeitamente inúteis onde quer que ela não chegue. Os dos Gatos têm em si mesmos a própria luz. O Sol ou as luminárias artificiais de que temos uma necessidade indispensável em quase todas as nossas ações não são para eles mais do que um espetáculo; e ao passo que, interrompendo amiúde os nossos projetos mais interessantes, nos impacientamos até que a escuridão termine, os Gatos apaixonados entreveem-se claramente nos algerozes; e, mais afortunados do que nós, bastam-lhes os olhos, quando buscam o objeto que amam, para o descobrirem.

Estas qualidades luminosas são tão dignas de atenção que mereceram um elogio no livro de um dos nossos mais célebres Academistas das Ciências.[38] Este não vacila quando se trata de agraciar os olhos dos Gatos, como aquela centelha que vemos brilhar quando os acariciamos a contrapelo, com o título de fósforos naturais; e esta observação fará saber aos séculos por vir que os Gatos não eram inúteis nas Academias, e que concorreram para o aperfeiçoamento das Ciências.

Examinemos agora o seu carácter. É perigoso, a julgar pela opinião vulgar; e este erro, por maior vergonha que faça ao nosso juízo, chega mesmo a ser adotado por pessoas de bom-senso: não devemos admirar-nos; as pessoas espirituosas são povo comum em vários aspetos. É obra de uma certa porção de preguiça, que sempre permanece mesmo naqueles que têm maior tendência para a instrução; e alguns, aliás, não se importam sequer com a sua credulidade, quando a vaidade não é beliscada pela crença.

Como já estabelecemos que os Gatos são capazes de afeições e cortesias na conduta que revelam para com os homens, por pouco que entremos em detalhes, provaremos ainda que têm toda a delicadeza da amizade; mas contestar-nos-ão que esta amizade seja constante, e que possamos contar sempre com ela; não deixarão de se manifestar contra a sua pata afiada. É, pois, a candura e a inocência destas garras tantas vezes acusadas que convém dar a conhecer; examinemos primeiro a sua forma: é uma pata tão aguçada, e exige aos Gatos tamanha atenção, e uma destreza tão perfeita para não arranhar, que mesmo as pessoas menos arrazoadas concordam quando dizem que os Gatos têm pezinhos de veludo. Esta maneira de falar, que não parece mais do que uma charada, é, no entanto, uma análise muito subtil da retidão admirável com que os Gatos devem servir-se das patas para que as suas unhas não arranhem. Eis, então, que os Gatos se encontram num perpétuo constrangimento; e de que maneira!, constrangimento que exige um estudo assaz incomodativo, porquanto perturba absolutamente a ordem e a ação natural dos mecanismos do seu aparelho. É, pois, num recato, numa atenção contínua que vivem os Gatos entre nós. Por pouco que abríssemos os olhos para esta situação, seria possível não sentir, não confessar que a afeição dos Gatos é a mais elogiosa e terna que possamos inspirar? É verdade que, no decurso da vida, um Gato terá talvez uma dúzia de distrações: aquela garra assumirá, contra a sua vontade, a função que a natureza lhe impôs, ainda que isso seja tão-só o transporte de uma vivacidade involuntária, sendo que o arranhão tocará somente as mãos suspeitas; no entanto, eis que os humores se revoltam; já ninguém tem em conta a sua virtude passada!, as pessoas amofinam-se, esquecem tudo o que custou a um Gato não as ter arranhado mais vezes antes; que injustiça!, que ingratidão! Um amigo divertido, delicado, passou a vida a reter-se por vós, e vós não perdoareis à sua amizade alguns momentos de distração? Poderia haver Sociedade entre os homens, se eles vissem com a mesma severidade, com o mesmo espírito pontiagudo os golpes das garras (se posso exprimir-me deste modo) que se desferem uns aos outros, e quase sempre voluntariamente, no decurso das suas ligações e mesmo das suas amizades? Esta pequena falta de igualdade na conduta dos Gatos, longe de nos dispor contra eles, é uma moral em ação que deveria levar-nos a vê-los como uns animais tão capazes de nos instruir como de nos divertir.

Tranquilizemo-nos, Senhora: veremos um dia o mérito dos Gatos geralmente reconhecido. É impossível que numa Nação tão esclarecida como a nossa, a prevenção, nesta matéria, prevaleça ainda sobre um sentimento tão arrazoado. Não duvideis de que nas sociedades, espetáculos, passeios, bailes, e mesmo nas Academias, os Gatos virão ainda a ser recebidos, ou, antes, procurados. É impossível não chegarmos a sentir que temos no Gato um amigo de muito boa companhia, um pantomimeiro admirável, um Astrólogo nato, um Músico perfeito, enfim, o cúmulo de todos os talentos e graças; mas ainda não podemos determinar com grande precisão quando chegará esse século, que será legitimamente comparado ao século de ouro: será preciso que a razão tenha destruído a obra do preconceito, e os progressos da razão não são muito rápidos, tendo em conta a circunspeção que ela conserva perante os homens, quando os conduz. Parece que teme fazê-los perceber que é ela que os move; e isso é muito humilhante para a humanidade, e muito contrário aos interesses dos Gatos.

Tenho a honra de ser, etc.

Notas de fim

Introdução
[1] Maria Leckzinska (1703-1768), princesa polaca e rainha de França e de Navarra, pelo casamento com Luís XV (1710-1774).
[2] Jean-Philippe Rameau (1683-1764), compositor e musicólogo francês.
[3] *Cavagnol*: jogo popular nos salões da alta sociedade da época, semelhante ao atual loto, ou bingo.
[4] Luís XIV (1638-1715), rei de França e de Navarra a partir de 1643.
[5] Filipe II, Duque de Orleães (1674-1723), sobrinho de Luís XIV que assumiu a regência durante a menoridade de Luís XV.
[6] Personagem da comédia *O Avarento* (1668), de Molière (1622-1673). Cozinheiro e cocheiro ao mesmo tempo, *maître Jacques* tornou-se símbolo do factótum, homem multifacetado e apto a servir em todas as ocasiões.
[7] No mito de D. Juan, encenado, entre outros, por Molière (1665), é a Estátua do Comendador que vem anunciar a sentença do culpado e conduzi-lo à morte.
[8] *La mère Michel qui a perdu son chat* é uma canção popular infantil; a senhora Michel, que perdeu o gato, chora à janela oferecendo um beijo a quem o encontrar.

Primeira Carta

⁹ A *Batracomiomaquia* é uma paródia da Ilíada atribuída por vezes a Homero. O tema será novamente abordado na Oitava Carta.

¹⁰ Alusão a um escrito de François de La Mothe (1588–1672), «Des rares et éminentes qualités des ânes de ce temps», incluído no volume *Dialogues faits à l'imitation des anciens* (1630), sob o pseudónimo de Orasius Tubero.

¹¹ Nicolas de Malebranche (1638–1715), em *Recherches de la vérité* (1674). O «célebre Filósofo Inglês» mencionado de seguida é John Locke (1632–1704); em nota marginal, Moncrif remete para o seu *Ensaio sobre o Entendimento Humano* (1689).

¹² Segundo Plutarco, tal como consta da edição francesa *De l'envie et de la Haine* (1572), por Jacques Amyot (1513–1593).

¹³ Trata-se dos naturalistas Georges-Louis Leclerc, Conde de Buffon (1707–1788) e Nehemiah Grew (1641–1712).

¹⁴ François de La Mothe le Vayer (1588–1672), Fáb. 7:

Uma mente audaz diz que é infalível,
Nega com orgulho tudo o que lhe é distante:
«Isso eu não compreendo, logo é impossível.»
Eis um bom silogismo de ignorante.

¹⁵ O autor anota à margem esta sua ária:

Mais inconstante do que a onda e o vento,
O tempo foge; porquê lamentar?
   'Inda que o seu andamento
   Sempre o faça debandar,
     Fazer recreio
     Fá-lo parar.
   Gozemos, pois, de mil candores;
   Se a nossa vida é um passeio,
Nesse passeio, então, colhamos flores.

Segunda Carta
[16] Blaise de Vigenère (1523–1596), tradutor dos trabalhos do orador Filóstrato de Atenas (séculos II–III d. C.), de onde colhe estas informações.
[17] *De Dea Syria* [Da Deusa Síria], atribuído a Luciano de Samósata (século I d. C.).
[18] Em nota, o autor remete para o já citado Bernard de Montfaucon (1655–1741), a que acrescenta a referência a Albert-Henri de Sallengre (1694–1723), a propósito da pretensa divindade da flatulência.
[19] De acordo com Diodoro da Sicília (século I, a. C.).
[20] Segundo Heródoto (século V a. C.). Os itálicos que se seguem são ainda paráfrases das suas *Histórias*.
[21] Cambises II, do Império Aqueménida (antiga Pérsia), que conquistou o Egito na sequência da Batalha de Pelúsio (525 a. C.).

Terceira Carta
[22] Murtadi, traduzido e editado em França pelo orientalista Pierre Vatier (1623–1667).
[23] Célebre romance epistolar de Montesquieu (1689–1755), publicado em 1721.
[24] O dramaturgo Jacques Hauterot (ou Auteraut) (1657–1745).

Quarta Carta
[25] Joseph de Tournefort, *Voyage du Levant* (1717).
[26] «É um ministro da religião», anota o autor. A «Porta» em questão, isto é, a Sublime Porta, designa por metonímia o governo otomano.
[27] Nicolas Fréret (1688–1749), da Academia de Belas Letras.

Quinta Carta
[28] Era aos caldeireiros, que trabalhavam e comerciavam ferragens e recipientes de cobre e latão, muitas vezes em modo ambulante,

que se confiava a castração de certos animais (*perfídia* que se subentende neste passo).
[29] *Um e outro* são, respetivamente, Plínio e Eliano.

Sexta Carta
[30] Composição atribuída por vezes a Joachim du Bellay (*c*. 1522–1560), mas mais provavelmente da autoria de François-Séraphin Régnier--Desmarais (16321–1713), e feita expressamente pela ocasião da morte da gata Ménine, companheira da Duquesa de Lesdiguières (1655–1716), com quem aparece retratada num quadro de Pierre Mignard (1612–1695).

Sétima Carta
[31] Moncrif refere-se à Duquesa do Maine, Ana Luísa Benedita de Bourbon (1676–1753).
[32] Jean-Baptiste Colbert (1619–1683), ministro no reinado de Luís XIV.

Oitava Carta
[33] Alusão à *História Natural* de Plínio.

Nona Carta
[34] Versos parafraseados de uma composição que consta do livro *Voyage de messieurs de Bachaumont et de La Chapelle* (1697).
[35] Personagens do romance *A Princesa de Clèves* (1678), da Madame de La Fayette (1634–1693).

Décima Carta
[36] Alusão a uma lenda de amor trágico que está na base do poema medieval *Roman du châtelain de Coucy et de la dame de Fayel* (século XIII) e muito difundida em França por via da tradição oral.
[37] O compositor Pietro Della Valle (1586–1652).

Décima Primeira Carta
[38] Nicolas Lemery (1645-1715), químico, autor de um *Cours de Chymie* (1675).